JESUS SEM FILTRO

JESUS SEM FILTRO

Desmascarando as bobagens que dizem por aí sobre o filho de Deus

MATHEUS ALVES

© 2024 por Matheus Alves

1ª edição: outubro de 2024

Edição de texto: Judson Canto
Revisão de provas: Marcelo Santos
Diagramação e projeto gráfico: Sonia Peticov
Capa: Julio Carvalho
Editor: Aldo Menezes
Coordenador de produção: Mauro Terrengui
Impressão e acabamento: Imprensa da Fé

As opiniões, interpretações e conceitos desta obra são de responsabilidade de quem a escreveu e não refletem necessariamente o ponto de vista da Hagnos.

Todos os direitos desta edição reservados à
EDITORA HAGNOS LTDA.
Rua Geraldo Flausino Gomes, 42, conj. 41
CEP 04575-060 — São Paulo, SP
Tel.: (11) 5990-3308

E-mail: hagnos@hagnos.com.br | Home page: www.hagnos.com.br

Editora associada à ABDR (Associação Brasileira de Direitos Reprográficos)

Dados Internacionais de Catalogação na Publicação (CIP)

Alves, Matheus
Jesus sem filtro: desmascarando as bobagens que dizem por aí sobre o Filho de Deus / Matheus Alves. – São Paulo : Hagnos, 2024.

ISBN 978-85-7742-550-1

1. Jesus Cristo I. Título

24-3572   CDD 232

Índices para catálogo sistemático:
1. Jesus Cristo

Angélica Ilacqua CRB–8/7057

SUMÁRIO

PREFÁCIO — HERNANDES DIAS LOPES 7
INTRODUÇÃO 11

1 O JESUS **INFLUENCER** 17

2 O JESUS **MILAGREIRO** 37

3 O JESUS **LIBERAL** 55

4 O JESUS **MÍSTICO** 73

5 O JESUS **DESTRUIDOR DE IGREJAS E RELIGIÃO** 91

6 O JESUS **FEMINISTA** 111

7 O JESUS **MACHISTA** 127

8 O JESUS **FRACOTE** 143

9 O JESUS **FANTOCHE** 161

10 O JESUS **"DE BOA"** 179

CONCLUSÃO 197
REFLETINDO SOBRE O JESUS SEM FILTRO 203

PREFÁCIO

QUANDO OLHAMOS PARA A SOCIEDADE ATUAL, somos bombardeados com diversas representações de Jesus que, muitas vezes, estão longe da verdade bíblica. Em tempos em que as redes sociais e a mídia filtram, moldam e transformam informações para agradar e entreter, é comum vermos a figura de Jesus retratada de formas distorcidas e, por vezes, até irreconhecíveis para aqueles que verdadeiramente buscam conhecê-lo. Em meio a essa confusão, o livro *Jesus sem filtro* surge como uma bússola, orientando o leitor a navegar pelas águas turvas de interpretações errôneas e enganosas sobre o Filho de Deus.

O pastor Matheus Alves, ligado ao ministério da Igreja Batista da Lagoinha, é um líder que tem se destacado na Internet e fora dela pela clareza e firmeza de sua pregação, sempre centrada na verdade das Escrituras. Com uma dedicação pastoral que reflete profundo amor e compromisso com o Evangelho, ele traz à tona, por meio deste livro, um alerta necessário e urgente: precisamos desmascarar as bobagens que dizem por aí sobre Jesus e retornar à essência do Cristo revelado na Bíblia.

Através dos capítulos de *Jesus sem filtro*, o pastor Matheus nos conduz a um exame crítico das várias facetas com as quais Jesus tem sido retratado em nossos dias. Desde o "Jesus influencer" até o "Jesus feminista" ou "machista", passando por um "Jesus liberal" ou "místico", o autor revela como cada uma dessas imagens distorcidas reflete mais os anseios e ideologias humanas do que a verdadeira natureza de Cristo.

Jesus, como Ele mesmo declarou em João 14:6, é "o caminho, a verdade e a vida", e ninguém vem ao Pai senão por Ele. Contudo, esse caminho tem sido, muitas vezes, obscurecido por filtros que ajustam sua imagem às conveniências culturais ou às preferências pessoais. O pastor Matheus, com uma habilidade pastoral e teológica notável, destaca a importância de remover esses filtros para que possamos ver Jesus em toda a sua glória, tanto em sua divindade quanto em sua humanidade.

É de vital importância que, como cristãos, estejamos atentos às advertências das Escrituras contra falsos ensinamentos e visões distorcidas sobre Jesus. O apóstolo Paulo, em 2Coríntios 11:4, nos adverte sobre aqueles que pregam "outro Jesus que não temos pregado". E Pedro, em sua segunda epístola, fala sobre falsos mestres que introduzirão "heresias destruidoras" (2Pedro 2:1). Essas advertências, tão relevantes no primeiro século, continuam a ecoar com força nos dias de hoje.

Neste contexto, *Jesus sem filtro* é uma leitura indispensável para o público evangélico. O livro não apenas refuta com precisão as distorções contemporâneas sobre Jesus, mas também nos desafia a viver uma fé autêntica, alicerçada na Palavra de Deus e na verdadeira identidade do Salvador. A obra convida o leitor a um profundo exame de suas próprias crenças e a um retorno ao Jesus dos Evangelhos, sem adições ou subtrações, sem distorções ou exageros. *Jesus sem filtro* também se mostra relevante para os não evangélicos, pois oferece uma visão clara e desmistificada sobre a figura de Jesus Cristo, figura central em diversas tradições culturais e religiosas ao redor do mundo. Em um tempo em que informações e ideias são frequentemente distorcidas ou manipuladas,

PREFÁCIO

este livro proporciona uma oportunidade única para qualquer leitor, independentemente de sua fé ou convicção, explorar as raízes históricas e espirituais de Jesus, compreendendo sua verdadeira mensagem e impacto sem os preconceitos ou distorções que muitas vezes obscurecem sua imagem. Ao promover um entendimento mais profundo e autêntico de quem Jesus realmente é, *Jesus sem filtro* convida todos a refletirem sobre a influência duradoura deste personagem histórico e espiritual, e a reconsiderarem suas próprias percepções sobre sua vida e seus ensinamentos.

O pastor Matheus Alves cumpre com maestria a tarefa de conduzir o leitor por uma jornada que desmistifica e esclarece. Seu trabalho é uma exortação vigorosa para que não sejamos como aqueles que "têm a forma de piedade, mas negam o seu poder" (2Timóteo 3:5). Pelo contrário, ele nos chama a abraçar o verdadeiro Jesus, cuja mensagem transcende as tendências e os modismos, permanecendo firme e imutável através dos tempos.

Este livro é uma ferramenta poderosa para todos aqueles que desejam discernir o que é verdadeiro do que é falso, o trigo do joio, e que anseiam por um relacionamento profundo e genuíno com Jesus. Em um mundo onde a verdade é frequentemente relativizada, *Jesus sem filtro* nos lembra que a verdade absoluta não é uma construção social, mas uma pessoa — Jesus Cristo, o Filho de Deus, que é o mesmo ontem, hoje e para sempre (Hebreus 13:8).

Ao abrir estas páginas, prepare-se para confrontar suas próprias percepções sobre Jesus. Que este livro seja, para cada leitor, um chamado à pureza da fé e à clareza da visão, um lembrete de que o Jesus que seguimos não é aquele moldado por conveniências humanas, mas o Jesus dos Evangelhos, sem filtro, verdadeiro e pleno.

HERNANDES DIAS LOPES
Doutor em Ministério pelo Reformed Theological Seminary (Jackson, Mississippi, EUA). É pastor, conferencista, membro da Academia Evangélica de Letras do Brasil e escritor de mais de 180 títulos.

INTRODUÇÃO

HOJE, MUITO SE FALA SOBRE JESUS, mas poucas verdades são ditas a seu respeito. Vivemos em um mundo repleto de opiniões, onde cada pessoa acredita ter a sua própria versão da verdade. No entanto, a verdade absoluta tem sido frequentemente deixada de lado. Jesus, conforme revelado nas Escrituras, é a verdade absoluta, quer gostemos ou não; quer as pessoas aceitem ou não.

Foi esse cenário que me impulsionou a entrar no vasto universo da Internet, especialmente no Instagram. Meu objetivo foi simples, porém crucial: mostrar às pessoas o que a Bíblia realmente ensina sobre Jesus e sobre as doutrinas elementares da fé cristã. Durante essa jornada, percebi que muitas pessoas têm seguido um falso evangelho, aquele mencionado por Paulo em Gálatas 1:6, onde ele expressa sua preocupação com aqueles que estavam se desviando para um "outro evangelho". O Instagram é um mundo que não dorme; está aberto 24 horas por dia, alcançando milhões de pessoas. Todos os dias, essas pessoas são bombardeadas com mentiras sobre a pessoa de Jesus. O perigo é evidente: "Crer num Jesus errado leva a pessoa a desembarcar num céu também errado" (paráfrase de uma afirmação atribuída a John MacArthur). Este livro é uma tentativa de ajudar os leitores a filtrarem essa enxurrada de informações, destacando o que é verdadeiro acerca do Filho de Deus.

JESUS SEM FILTRO

Ao longo deste livro, você embarcará em uma jornada reveladora, desafiadora e profundamente transformadora sobre a verdadeira identidade de Jesus Cristo. Cada capítulo foi cuidadosamente elaborado para desmascarar as distorções e os mal-entendidos que cercam a figura de Jesus nos dias atuais, oferecendo uma visão clara e bíblica de quem Ele realmente é. Abaixo, ofereço uma prévia do que você encontrará em cada capítulo:

No capítulo 1, "O Jesus influencer", prepare-se para explorar como Jesus, nos dias de hoje, poderia ser retratado como um "influencer" que busca apenas popularidade e seguidores. No entanto, ao removermos esse filtro, veremos que o objetivo de Jesus era muito mais profundo e transformador: Ele veio para estabelecer um relacionamento verdadeiro e eterno com seus seguidores, algo que vai muito além de curtidas e seguidores em redes sociais.

Em "O Jesus milagreiro", título do capítulo 2, vamos desmistificar a visão de Jesus como alguém que realizava milagres apenas para ostentar seu poder. Descobriremos que seus milagres não eram fins em si mesmos, mas sinais que apontavam para a maior verdade do Evangelho: a necessidade de fé, arrependimento e uma transformação interior que só Ele pode realizar.

Questionaremos no capítulo 3, "O Jesus liberal", a ideia de que Jesus foi um mero revolucionário social, desprezando tradições e promovendo uma agenda política. Você verá que, ao contrário, Jesus transcendeu as divisões políticas e sociais de sua época, oferecendo um chamado universal para a justiça, a compaixão e a santidade, desafiando tanto as normas de sua época quanto as de hoje.

No capítulo 4, intitulado "O Jesus místico", abordaremos a imagem de Jesus como um mestre espiritual distante das realidades terrenas, focado apenas na contemplação e no misticismo.

INTRODUÇÃO

Ao removermos esse filtro, veremos que Jesus estava profundamente conectado às necessidades materiais e espirituais das pessoas, ensinando com simplicidade e vivendo uma espiritualidade prática e acessível.

Prepare-se para enfrentar no capítulo 5, "O Jesus destruidor de igrejas e religião", a noção de que Jesus era contrário às estruturas religiosas e à comunidade de fé. Esse capítulo mostrará que, embora Jesus tenha desafiado o legalismo e a hipocrisia reinante em seus dias, Ele nunca desprezou a importância da verdadeira adoração e da igreja como um corpo unido de adoradores, chamando-nos a uma fé genuína e vivida em comunidade.

Em "O Jesus feminista", capítulo 6, analisaremos a interpretação moderna de Jesus como um defensor irrestrito dos direitos absolutos das mulheres. Você será convidado a ver como Jesus realmente tratava as mulheres com dignidade e respeito em um contexto cultural patriarcal, mas também como as tentativas de encaixá-lo em agendas contemporâneas podem distorcer sua verdadeira missão.

No capítulo 7, "O Jesus machista", enfrentaremos a visão de Jesus como um perpetuador de ideias machistas. Ao desmascarar essa visão, veremos como Jesus, de fato, desafiou as normas patriarcais de sua época, tratando todas as pessoas com igualdade e respeito, sem jamais comprometer a verdade do Evangelho.

Vamos confrontar no capítulo 8, "O Jesus fracote", a imagem de um Jesus fraco e impotente, sem autoridade ou impacto real. Descobriremos como a humildade e a compaixão de Jesus, longe de serem sinais de fraqueza, eram expressões do seu poder divino, que transformou vidas e desafiou as maiores autoridades de sua época.

Já no capítulo 9, "O Jesus fantoche", exploraremos a visão de Jesus como uma figura manipulada por forças externas, seja por líderes religiosos ou políticos. Ao remover esse filtro, veremos a força e a integridade de Jesus em permanecer fiel à sua missão, resistindo a todas as tentativas de controle e manipulação.

Finalmente, no capítulo 10, "O Jesus 'de boa'", desafiamos a ideia de um Jesus descontraído e despreocupado, que leva a vida de maneira leve e sem grandes confrontos. Ao olhar para além desse filtro, veremos um Jesus que, apesar de pregar paz e tranquilidade, também enfrentou com coragem e determinação os maiores desafios e adversidades, sempre fiel à sua missão redentora.

Compreender Jesus em sua plenitude requer que deixemos de lado nossas próprias lentes e nos permitamos ser moldados por sua verdade. As distorções sobre Ele não são apenas inofensivas — elas têm o poder de criar uma fé baseada em equívocos. Muitos acreditam que podem ajustar a figura de Jesus para se adequar a suas próprias narrativas, mas isso leva a um caminho perigoso, onde o verdadeiro evangelho se perde em meio a interpretações pessoais. A fé genuína exige humildade para aceitar a verdade como ela é, e não como gostaríamos que fosse.

Além disso, é essencial lembrar que Jesus não veio para se encaixar nos moldes culturais ou sociais de nenhuma época. Ele transcende essas limitações e nos chama a fazer o mesmo. Sua mensagem, tanto ontem quanto hoje, é radical, desafiadora e transformadora. A partir do momento que permitimos que esses filtros caiam, vemos que Jesus oferece muito mais do que conforto momentâneo ou popularidade passageira; Ele oferece uma nova vida, baseada em uma verdade que nunca passa.

CADA CAPÍTULO DESTE LIVRO É UM CONVITE PARA QUE VOCÊ, LEITOR, REAVALIE SUAS PRÓPRIAS PERCEPÇÕES E CRENÇAS SOBRE JESUS. AO PERCORRER ESSAS PÁGINAS, ESPERO QUE VOCÊ SEJA PROFUNDAMENTE TOCADO PELA VERDADE DO EVANGELHO E QUE SUA VISÃO DE JESUS SEJA RESTAURADA, SEM OS FILTROS QUE TANTAS VEZES OBSCURECEM SUA VERDADEIRA ESSÊNCIA. PREPARE-SE PARA SER DESAFIADO, INSPIRADO E, ACIMA DE TUDO, TRANSFORMADO PELA VERDADE REVELADA NESTE LIVRO: JESUS, O FILHO DE DEUS VIVO.

O JESUS
INFLUENCER

MESMO QUEM NÃO É CRISTÃO ou não professa nenhum tipo de fé reconhece a imensurável influência de Jesus Cristo, o Mestre da Galileia, sobre a história da humanidade. Basta lembrar que o calendário gregoriano, adotado pela maioria dos países, divide a contagem do tempo em "antes de Cristo" e "depois de Cristo".

Esse destaque, naturalmente, não é gratuito. Jesus é a figura central da maior religião do mundo, o cristianismo, e grande parte dos princípios éticos fundamentais do Ocidente derivam dos ensinamentos dele. Sua figura também há séculos vem servindo de inspiração para as artes, como a pintura, a música, a literatura e o cinema. Movimentos de ajuda humanitária e de justiça social espelham o que Ele vivia na prática. A teologia e a filosofia discorrem sobre a maneira singular como Ele abordava questões existenciais.

Pelos filtros da sociedade de hoje, que encontra sua maior expressão nas chamadas redes sociais, Jesus sem dúvida seria retratado como um comunicador carismático e influente, cujo objetivo era espalhar sua mensagem de amor, compaixão e justiça. Ele usaria sua plataforma para promover mudanças positivas na sociedade por meio de suas experiências e ensinamentos. E, sem dúvida, teria também como propósito angariar uma grande base de seguidores.

No entanto, embora seja inegável o potencial de Jesus para influenciar positivamente as pessoas e promover mudanças sociais, esse perfil está muito longe de ser completo. A missão do Deus-Homem na terra jamais poderia estar limitada a um canal do Youtube ou a postagens diárias no Instagram. Ele não veio ao mundo apenas para ser influente, como um fim em si mesmo. Muito menos pela glória de ser o recordista mundial em número de seguidores.

Sem os filtros humanos, veremos no Jesus *influencer* a intenção de estabelecer uma conexão muito mais legítima que a de um fã-clube e bem mais profunda que uma simples interação virtual.

O "NICHO" DE JESUS

Muitos influenciadores digitais concentram seu conteúdo em um nicho, porque um público que se sente mais atraído por determinado assunto ou que constitua um segmento de mercado pode ajudá-los a conquistar seguidores mais engajados e formar uma comunidade em torno de interesses comuns. No nicho dos esportes, por exemplo, os fãs seguem seus atletas preferidos. Cantores e artistas de cinema também granjeiam admiradores. No universo virtual, explora-se todo tipo de conteúdo, desde notícias e a própria pregação do evangelho até dicas caseiras de beleza e dancinhas bobas no TikTok. Há espaço para beleza, moda, culinária, entretenimento, finanças e autoajuda. Mas qual era o nicho de Jesus? Onde enquadrá-lo em toda essa gama de conteúdos?

Podemos deduzir que, pelos filtros da sociedade atual, seu nicho mais provável seria o da espiritualidade. Poderia também ser classificado entre os que pregam uma filosofia de vida e valores morais. Sem dúvida, essas modalidades de conteúdo podem ser associadas a Ele, pois tudo isso fazia parte de seus ensinos e podia ser percebido em suas ações. Obviamente, não se pode negar que um influenciador pode melhorar o nível espiritual de seus seguidores, guiá-los a um estilo de vida saudável ou levá-los a cultivar valores morais elevados. Sim, é possível um ser humano ter a vida transformada por influência de outro. No entanto, essa transformação só ocorre dentro de certos limites, porque nenhuma influência humana chega "ao ponto de dividir alma e espírito, juntas e medulas" (Hebreus 4:12). Só a Palavra viva consegue operar mudanças em tal profundidade. Por esse motivo, o conteúdo criado por Jesus transcende aquelas categorias e não pode ser minimizado pela seletividade humana. O efeito de sua obra vai muito além do que é possível à mera influência humana.

O próprio Jesus deixou isso bem claro. Ele começa explicando o propósito de sua vinda ao mundo: "Eu vim para que tenham vida e a tenham em abundância" (João 10:10). Em seguida, declara o efeito de seu conteúdo sobre a vida humana: "Quem ouve a minha palavra e crê naquele que me enviou tem a vida eterna, não entra em juízo, mas passou da morte para a vida" (João 5:24). Por fim, afirma a exclusividade de seu nicho: "Eu sou o caminho, e a verdade, e a vida; ninguém vem ao Pai senão por mim" (João 14:6).

Essa proposta diferencia Jesus de qualquer influenciador humano. É certo que desde a Queda não faltaram promessas humanas de redenção para a humanidade. Religiões organizadas, como o hinduísmo e o zoroastrismo, ou mesmo as seitas mais esdrúxulas e indivíduos que exploram a fé alheia oferecem caminhos ao ser humano como solução para os anseios da alma e do espírito. Mas nenhum deles é *o* caminho. Isso faz de Jesus um influenciador sem concorrência. É claro que as falsificações podem atrapalhar a oferta de um produto legítimo, mas permanece o fato de que ninguém tem uma alternativa real a oferecer.

Para resumir, o nicho de influência de Jesus é único, inigualável. Seus seguidores percebem que só Ele tem "as palavras da vida eterna" (João 6:68).

JESUS E SEUS SEGUIDORES

A relação de Jesus com aqueles que se rendem à sua influência também é única. Da mesma forma que seu nicho de influência é único por causa do efeito que só Ele podia produzir no ser humano, a proposta que Ele tem para seus seguidores eleva-se muito acima das relações comuns de amizade, fã-clube e mentoria. Ele aceitava em sua rede de influência os mais diferentes tipos humanos e não fazia acepção de pessoas com base em preconceitos. No entanto exigia um tipo de relacionamento que implicava a entrega total do ser, a ponto de o fator numérico se tornar secundário.

ELE ACEITAVA GENTE DE TODO TIPO

Durante seu ministério terreno, Jesus se cercou dos tipos humanos mais diversificados. Essa característica é evidente até em seu círculo mais restrito de seguidores, o grupo dos doze apóstolos. Os evangelhos apresentam-nos como homens de temperamentos, personalidades e histórias de vida diferentes.

Um dos que mais se destacam é Pedro. Era um indivíduo emocionalmente instável, que em um momento agrediu um dos homens que vieram prender Jesus e horas depois negou seu Mestre quando alguém o reconheceu como um dos discípulos do prisioneiro (João 18:10,15-18).

João, por sua vez, era conhecido como o discípulo mais amoroso, mais tarde denominado "apóstolo do amor", embora também mostrasse um lado menos louvável: seu espírito vingativo, como se vê na ocasião em que ele e seu irmão Tiago propuseram fazer descer fogo do céu sobre os samaritanos que haviam rejeitado Jesus (Lucas 9:51-56).

Fazia parte também do grupo Simão, o Zelote (Marcos 3:18), que pertencia a um partido político radical, formado por judeus patriotas que pregavam até mesmo a violência na luta contra o domínio romano.

E não vamos esquecer Judas, o traidor, cuja má índole por certo não passou despercebida ao Senhor (João 17:12) e parece que nem aos demais discípulos, pois ele é descrito como hipócrita e desonesto (João 12:4-6).

Na verdade, Jesus montou uma grade de seguidores que contemplava todo tipo de gente ou, melhor dizendo, não excluía ninguém. O fato de seu nicho ser exclusivo por Ele ser o único a ter "as palavras da vida eterna" tornava seu alcance necessariamente universal. O motivo é que a salvação é uma necessidade de todo ser humano, porque "todos pecaram e carecem da glória de Deus" (Romanos 3:23). Nem os recém-nascidos escapam (Salmos 51:5).

Jesus certa vez exclamou: "Graças te dou, ó Pai, Senhor do céu e da terra, porque ocultaste estas coisas aos sábios e instruídos e as revelaste aos pequeninos" (Mateus 11:15). Mas com isso Ele não estava excluindo de sua grade as pessoas mais esclarecidas. José de Arimateia, cidadão judeu rico e influente, era um dos seguidores de Jesus, e tudo indica que Nicodemos, respeitável membro do Sinédrio — o supremo tribunal judaico —, também o seguia (João 12:42; 19:39). Podemos também citar entre os que se destacaram após sua partida deste mundo nomes como Estêvão, Lucas e o apóstolo Paulo. Ao longo da história podemos ainda apontar luminares como Orígenes, Agostinho de Hipona,

Anselmo de Cantuária, Tomás de Aquino, Martinho Lutero, João Calvino e C. S. Lewis, só para citar alguns.

As multidões a quem Ele se dirigia e ministrava certamente eram compostas por homens, mulheres, crianças, adolescentes, idosos, cultos e incultos, ricos e pobres, judeus e gentios, religiosos e laicos, e assim por diante. Nem as crianças, em particular, foram deixadas de fora (Mateus 19:14; 21:15-16). Nenhum influenciador dos dias de hoje poderia alegar uma grade tão extensa.

É por isso que, seguindo esse padrão, a igreja aceita e acolhe todo tipo de pessoa, com todas as suas características e debilidades. Jesus acolhia todo tipo de pessoa e dava atenção a todos os que dele se aproximavam, independentemente do que era e do que faziam, de modo que até hoje a igreja o imita quando acolhe qualquer um que adentre as dependências do templo, desejoso de participar de suas reuniões. O evangelho é para todos, e todos podem fazer parte do reino de Deus.

A igreja, ao acolher todo tipo de pessoa, não pode deixar de lado o seu compromisso com a transformação que o evangelho propõe. Embora todos sejam bem-vindos, Jesus nunca se limitou a apenas aceitar as pessoas como eram, mas também as conduzia à mudança de vida. Da mesma forma, a igreja deve oferecer o espaço para que cada indivíduo, ao sentir-se acolhido, seja também desafiado a crescer e amadurecer na fé, sendo transformado pelo poder de Deus.

ELE NÃO FAZIA ACEPÇÃO DE PESSOAS

Vamos repetir: não há na história ninguém mais influente que Jesus. Ele influenciou muita gente em seus dias, tanto em pequena quanto em grande escala. Já citamos o grupo dos doze apóstolos. Havia também um círculo mais amplo, conhecido como os Setenta (Lucas 10:1-17).

O JESUS INFLUENCER

Somos informados ainda de que "algumas mulheres que haviam sido curadas de espíritos malignos e de enfermidades: Maria, chamada Madalena, da qual saíram sete demônios; e Joana, mulher de Cuza, procurador de Herodes, Suzana e muitas outras, as quais lhe prestavam assistência com os seus bens". É interessante que Maria Madalena, uma mulher de passado um tanto sombrio, seja citada ao lado de uma dama da alta sociedade. O escocês William Barclay, ao comentar essa passagem, observa que uma das virtudes supremas de Jesus era a capacidade de reunir as pessoas mais diferentes sem que esse convívio afetasse a personalidade ou as qualidades que possuíam.

Jesus também influenciava em grande escala. Em várias passagens dos evangelhos encontramos Jesus cercado ou seguido por uma grande multidão. E, em uma época em que não havia jornais, nem rádio, nem televisão, muito menos Internet, a fama dele espalhou-se por todo o país (Marcos 1:29; Lucas 4:14; 5:15) e até no exterior (Mateus 4:24). Nos dias de hoje, sua mensagem influencia mais de 2 bilhões de pessoas, se somarmos o catolicismo romano, o protestantismo e a ortodoxia oriental — o cristianismo é a maior religião do mundo.

E, não bastasse essa influência tão abrangente, Jesus também não fazia acepção de pessoas, ou seja, não discriminava ninguém pela sua condição. Os evangelhos não deixam dúvida sobre essa atitude do Senhor, como nesta passagem:

> Estando Ele [Jesus] em casa, à mesa, muitos publicanos e pecadores vieram e tomaram lugares com Jesus e seus discípulos. Ora, vendo isto, os fariseus perguntavam aos discípulos: Por que come o vosso Mestre com os publicanos e pecadores? Mas Jesus, ouvindo, disse: Os sãos não precisam de médico, e sim os doentes (Mateus 9:10-12).

JESUS SEM FILTRO

Os religiosos ficaram escandalizados ao ver Jesus muito à vontade na companhia de "publicanos e pecadores", dois grupos marginalizados pelos filtros da sociedade e da religião judaicas da época.

Os publicanos eram judeus contratados pelos dominadores romanos para coletar impostos para o império. Só por esse motivo já eram considerados traidores. Além do mais, na prática a maioria fazia mais que apenas cobrar impostos para o governo opressor. O trabalho deles era recolher determinada quantia para Roma, mas o que restasse acima do valor estipulado ficava para eles, como uma espécie de comissão. Desse modo, não era incomum que as taxas cobradas fossem excessivas, quase à beira da extorsão. Aos olhos do povo, quase não havia diferença entre eles e um ladrão ou assaltante. Não é de surpreender, portanto, que fossem odiados pelo povo em geral, religiosos ou não.

Já o segundo grupo não era composto exatamente por pessoas de moral duvidosa ou ligadas ao mundo do crime. Os fariseus usavam a palavra "pecadores" quase como um termo técnico, para designar aqueles que não se submetiam às regras rígidas da religião judaica. Alguns deles deixavam de cumprir os rituais da Lei por ignorância ou por acharem intolerável o fardo das tradições que a religião lhes impunha.

A resposta de Jesus à crítica dos líderes religiosos foi: "Os sãos não precisam de médico, e sim os doentes". Os fariseus, por se considerarem fiéis cumpridores da Lei, achavam que por isso já eram justos aos olhos de Deus e melhores que os demais humanos. Na parábola do fariseu e o publicano, um desses religiosos se gaba diante de Deus: "Graças te dou porque não sou como os demais homens, roubadores, injustos e adúlteros, nem ainda como este publicano" (Lucas 18:11). Jesus, porém, desmascarou a hipocrisia deles de forma contundente comparando-os a "sepulcros caiados, que, por fora, se mostram belos, mas interiormente estão cheios de ossos de mortos e de toda imundícia!" (Mateus 23:27). Para resumir, eles eram tão ou mais pecadores que aqueles a quem desprezavam. Ou seja, a resposta de Jesus aos seus críticos era pura ironia. Mas a boa notícia era que, por não fazer acepção de pessoas, Jesus estava disposto também a aceitá-los como seguidores.

ELE ESPERAVA TRANSFORMAÇÃO

Talvez o observador desavisado dos dias de hoje, acostumado aos influenciadores virtuais, conclua que Jesus, por aceitar todo tipo de pessoa e em qualquer condição, estivesse interessado apenas em conseguir o máximo de seguidores possível. Desde que o seguisse, podia ser quem fosse vivendo da maneira que bem entendesse. Aliás, parece que virou moda dizer que Deus não faz acepção de pessoas e que por isso Ele recebe todo mundo e permite que todos permaneçam como estão. Deus é tão bom, pensam, que qualquer um que tenha uma percepção positiva a respeito dele já garantiu uma vaga no céu, independentemente do estilo de vida que tenha adotado. Basta considerar Deus um bom camarada, e tudo está resolvido. Ledo engano.

Para começar, o próprio Jesus desfaz essa ilusão, quando declara:

> Nem todo o que me diz: Senhor, Senhor! entrará no reino dos céus, mas aquele que faz a vontade de meu Pai, que está nos céus. Muitos, naquele dia, hão de dizer-me: Senhor, Senhor! Porventura, não temos nós profetizado em teu nome, e em teu nome não expelimos demônios, e em teu nome não fizemos muitos milagres? Então, lhes direi explicitamente: nunca vos conheci. Apartai-vos de mim, os que praticais a iniquidade (Mateus 7:21-23).

JESUS SEM FILTRO

O texto dá a entender que até cristãos nominais que exercem algum ministério espiritual, ou seja, envolvidos no trabalho da igreja, podem não ser verdadeiros seguidores de Cristo, quanto mais alguém que apenas dá um *like* em algo associado a Deus! Por mais próximo que alguém pense estar de Deus, se ele vive uma vida de pecado a distância entre ambos é a mesma que existe entre o céu e o inferno.

A Bíblia realmente afirma que Deus não faz acepção de pessoas, mas isso não implica necessariamente aceitação incondicional. Mais uma vez, temos a advertência: "Não vos enganeis: nem impuros, nem idólatras, nem adúlteros, nem efeminados, nem sodomitas, nem ladrões, nem avarentos, nem bêbados, nem maldizentes, nem roubadores herdarão o reino de Deus" (1Coríntios 6:9-10; leia também Mateus 7:21-23; Apocalipse 22:15). É fácil a pessoa se enganar achando que, por nutrir algum tipo de simpatia por Deus ou pela causa cristã já está automaticamente incluída no rol de seus legítimos seguidores. Dito isso, vamos examinar alguns textos bíblicos para descartar de vez essa ideia equivocada.

Em Deuteronômio 10:17-18, lemos que "o Senhor, vosso Deus, é o Deus [...] que *não faz acepção de pessoas*, nem aceita suborno; que faz justiça ao órfão e à viúva e ama o estrangeiro, dando-lhe pão e vestes". O texto deixa muito claro que Deus não faz acepção de pessoas porque cuida do órfão, da viúva e do estrangeiro. Ou seja, sua justiça estende-se a todos eles, sem discriminação.

Eliú, amigo do patriarca Jó, afirma que Deus "*não faz acepção das pessoas* de príncipes, nem estima ao rico mais do que ao pobre" (Jó 34:19). Mais uma vez, está em foco a justiça de Deus, porque Ele é o justo Juiz, que retribui conforme a obra de cada um, pouco importando se quem é julgado é rico ou pobre.

No Novo Testamento, Paulo explica que "tribulação e angústia virão sobre a alma de qualquer homem que faz o mal, ao

O JESUS INFLUENCER

judeu primeiro e também ao grego; glória, 4 rém, e honra, e paz a todo aquele que pratica o bem, ao judeu primeiro e também ao grego. Porque *para com Deus não há acepção de pessoas*" (Romanos 2:11). Nesse texto, o apóstolo está dizendo que Deus não faz acepção de pessoas porque judeus e gentios podem ser igualmente condenados, se não estiverem em Cristo, assim como judeus e gentios serão salvos se forem seus verdadeiros seguidores.

Diante disso, a explicação óbvia é que Jesus aceita qualquer pessoa em qualquer condição, na expectativa de que ela seja transformada. Vemos o processo da aceitação para a transformação no chamado de Mateus. Jesus o chamou para ser seu discípulo quando ele era ainda um publicano, uma classe odiada pelos judeus. Contudo, ele foi transformado e com o tempo se tornou um grande apóstolo e escreveu um dos evangelhos. Grande parte da história e dos feitos gloriosos de Jesus não seriam conhecidos hoje se ele não tivesse convidado Mateus a integrar o grupo dos Doze.

Aliás, como já vimos, Jesus era muito criticado por andar em companhias, digamos, pouco recomendáveis. Mas essas pessoas de conduta questionável não estavam ali por se sentirem à vontade para continuar cometendo seus pecados. Elas o procuravam e o seguiam porque Ele oferecia misericórdia e perdão. Por exemplo, Zaqueu, um cobrador de impostos desonesto, foi transformado após seu encontro com Jesus. Cristo aceitou a companhia daquele homem rejeitado pela sociedade, não para apoiar sua conduta, mas para oferecer-lhe perdão e conduzi-lo ao reino de Deus.

A pessoa é aceita por Deus do jeito que está, mas não vai poder continuar assim. Terá de mudar de vida e andar de acordo com as regras da Escritura. Porque Deus, que não faz acepção de pessoas, pode condenar ou salvar qualquer um, independentemente de quem seja. A diferença é se tal pessoa teve a vida transformada ou continuou vivendo no pecado.

Da mesma forma, a igreja não deve fechar as portas a ninguém. Ela deve receber até mesmo aqueles que se enquadram na lista de 1Coríntios, mas sempre com a expectativa de que abandonem aquele estilo de vida. Agostinho de Hipona dizia que "a igreja é um hospital para pecadores". Ninguém entra em um hospital para ficar do mesmo jeito. Tenha o doente um resfriado ou um câncer, ele está ali para se curar. O papel da igreja é semelhante. E aqui convém lembrar que nem todos são curados. Às vezes, o paciente ou o próprio corpo rejeita o tratamento e a pessoa morre. Então ela é removida do hospital. O mesmo ocorre na igreja. Nem todos sobrevivem na fé, porque não alcançam verdadeiro arrependimento ou porque rejeitam o processo de santificação. Estão "mortos em seus delitos e pecados", e sua permanência no "hospital para pecadores" já não faz sentido.

ELE NÃO QUERIA SEGUIDORES A QUALQUER CUSTO

É fato que todo *influencer* quer conquistar seguidores, porque quanto maior o engajamento maior a visibilidade, a credibilidade, a autoridade e, naturalmente, a influência. Além disso, existe a possibilidade de monetização. Muitos criadores de conteúdos vivem hoje exclusivamente do que publicam nas redes sociais — e alguns ganham verdadeiras fortunas. Por isso, é óbvio que ninguém quer perder seguidores, tanto que alguns chegam a se desviar um pouco (ou muito) de seu propósito original apenas para mantê-los ou para incrementar a audiência.

Jesus também tinha muito seguidores, e é evidente que Ele queria mais, pois na Grande Comissão ordenou: "Fazei discípulos de todas as nações" (Mateus 28:19). No entanto, Ele não era o tipo de influenciador que deseja atrair pessoas a qualquer custo. Seus discursos eram baseados não no que as pessoas *desejavam* ouvir, mas no que *precisavam* ouvir. E isso nem sempre era agradável.

O exemplo clássico é a passagem de João 6. Uma multidão veio procurar Jesus, a mesma que no dia anterior fora alimentada milagrosamente com apenas cinco pães e dois peixes. Assim que viu toda aquela gente outra vez, Ele logo percebeu o motivo: "Vós me procurais, não porque vistes sinais, mas porque comestes dos pães e vos fartastes" (v. 26). E, quando o Mestre lhes falou da necessidade de crerem nele, a resposta foi: "Que sinal fazes para que o vejamos e creiamos em ti?". Eles pediram um sinal depois de Ele ter alimentado milhares de pessoas com o conteúdo de um cesto!

A verdade é que se tratava de um povo interesseiro. Eles lembraram que seus antepassados haviam comido "pão do céu", o maná, que era um alimento material. Talvez o sinal que estivessem pedindo fosse mais comida. Mas Jesus retrucou que *Ele* era o verdadeiro pão do céu, e que eles deveriam comer a carne e beber o sangue do Filho do Homem. Eles não gostaram nem um pouquinho da ideia, pois desejavam algo tangível, e Jesus era um sinal espiritual. E, por causa disso, muitos de seus discípulos o abandonaram.

Na mesma discussão, Jesus deixou claro que desejava ter seguidores, quando disse: "A vontade de quem me enviou é esta: que nenhum eu perca de todos os que me deu" (v. 40). Ao mesmo tempo, Jesus não tinha medo de perder seguidores. Ele não abriria mão da verdade primária da salvação só para agradar seus ouvintes. Mais uma vez, disse o que o povo precisava ouvir, não o que eles queriam ouvir.

Se ele fosse o Jesus retratado com os filtros da sociedade atual, é bem provável que reunisse os discípulos remanescentes assim que a multidão se dispersasse e dissesse: "Pessoal, perdemos a multidão. É um desfalque imenso para a igreja. Precisamos dar um jeito de trazê-los de volta. Pensei em mudar um pouco o foco da minha mensagem, em me concentrar naquilo que eles gostam de ouvir. Talvez seja interessante alterar a estética do nosso culto. Precisamos de mais luzes, de um local mais atraente. Comida não será problema, e já é em si um grande atrativo. Mas também precisamos de mais emoção, de um culto mais animado. Vamos montar um verdadeiro espetáculo!".

No entanto, nem sombra desses pensamentos passou pela mente de Jesus. Ele era um influenciador, sim, mas que influenciava para o que é correto; que aceitava uma multidão heterogênea, mas só queria os seguidores autênticos, ainda que fossem a minoria. Bill & Beni Johnson assim comentam a dissidência de João 6 em *Peace in Every Storm* [Paz em cada tempestade]: "Este é o crescimento da igreja em sua melhor forma: uma multidão de 15 mil pessoas reduzida a doze discípulos".

Jesus, ao ver a multidão indo embora, em vez de reunir os discípulos para tomar medidas de controle de danos, virou-se para eles e perguntou: "Porventura, quereis também vós outros retirar-vos?" (v. 67). Como se dissesse: "Se quiserem, podem ir! Eu sou Jesus. Vocês é que precisam de mim, não eu de vocês. Vocês que precisam vir até mim para ter vida eterna. Eu já sou eterno. Eu sou Deus, a Ressurreição e a Vida. Sou o Caminho, a Verdade e a Vida. Sou o Pão da vida, a Luz do mundo, a Porta, o bom Pastor, a Videira verdadeira, o Alfa e o Ômega, o Princípio e o Fim. Não preciso de vocês, em hipótese alguma".

Então Pedro, um discípulo verdadeiro, respondeu com outra pergunta: "Senhor, para quem iremos?" (v. 68). Depois de ouvir a mensagem do evangelho, os verdadeiros seguidores de Jesus olham para o mundo e para seu passado e perguntam a mesma coisa: "Para quem iremos?". Como verdadeiro influenciador, Jesus não tinha medo de perder seguidores. Preferia ficar apenas com os autênticos, porque estes não se importam em ouvir uma mensagem dura, que os confronte ou que os tire da zona de conforto, contanto que seja verdadeira.

O próprio apóstolo Pedro, que tanto se destacava entre os Doze, já ouviu palavras duras da parte de Jesus. Dias antes de sua morte, Jesus explicou aos discípulos que precisava ir a Jerusalém, onde seria muito maltratado pelos líderes da religião judaica, condenado e morto (Mateus 16:21-23). Ao ouvir aquilo, Pedro ficou inconformado e, "chamando-o à parte, começou a reprová-lo, dizendo: Tem compaixão de ti, Senhor". Em vez de ficar satisfeito por ter um seguidor tão leal e preocupado, Jesus teve uma reação contundente: "Arreda, Satanás! Tu és para mim pedra de tropeço, porque não cogitas das coisas de Deus, e sim das dos homens".

Ele sabia que seu discípulo estava influenciado por Satanás. Pedro cedera a outra influência. Se insistisse, Jesus por certo não o aceitaria mais entre seus seguidores. Ele não estava com medo de perder Pedro. Sem dúvida, queria continuar com ele, desde que se portasse como verdadeiro discípulo e aceitasse a repreensão, o que aconteceu. Passar a mão na cabeça não fazia o tipo de Jesus. Como Ele mesmo ensina no Sermão do Monte, a palavra de quem se propõe segui-lo tem de ser "Sim, sim; não, não. O que disto passar vem do maligno" (Mateus 5:37). Pedro demonstrou isso na prática.

A sinceridade de Jesus era outra prova de que Ele não tinha medo de perder seguidores. Os líderes religiosos de Israel eram muito respeitados pelo povo. Eram admirados pelo seu zelo legalista e gostavam muito disso. Eram verdadeiras autoridades e amavam as honrarias. Para evitar conflitos ou mesmo para agradá-los, Jesus poderia tê-los deixado em paz ou feito algumas concessões, em razão de sua posição de destaque na sociedade. Mas Jesus via a hipocrisia deles e as crueldades que praticavam em nome da religião. Eram tidos como homens de Deus, mas estavam longe da verdade. E não ia deixar barato.

Certa ocasião, quando esses religiosos alegaram ser filhos de Deus, Jesus lhes deu uma resposta que eles jamais esqueceriam: "Vós sois do diabo, que é vosso pai, e quereis satisfazer-lhe os desejos. Ele foi homicida desde o princípio e jamais se firmou na verdade, porque nele não há verdade. Quando ele profere mentira, fala do que lhe é próprio, porque é mentiroso e pai da mentira" (João 8:44). Ele fez tal afirmação porque eles não estavam vivendo na verdade. E quem vive uma mentira não pode ser seguidor de Cristo.

O sucesso de um verdadeiro influenciador se mede pela profundidade do impacto que ele tem sobre as pessoas, e não pelo número de seguidores. Da mesma forma, o propósito de Jesus nunca foi buscar a aprovação popular. Sua missão sempre foi clara: transformar vidas, e isso exige mais do que curtidas ou uma adesão superficial. Quando Jesus proferiu suas palavras mais desafiadoras, muitos o abandonaram, mas Ele permaneceu fiel à verdade, sabendo que a transformação genuína vem por meio de um compromisso profundo.

Jesus não estava preocupado em moldar sua mensagem para agradar as massas. Ele compreendia que a verdade muitas vezes ofende, e estava disposto a perder seguidores em vez de comprometer sua missão. Esse exemplo nos ensina que seguir a Cristo não se trata de popularidade, mas de autenticidade e compromisso com a verdade, mesmo quando ela é desconfortável.

QUE A IGREJA APRENDA COM O EXEMPLO DE JESUS QUE A VERDADE TEM DE SER DITA, SEJA COMO FOR, A DESPEITO DA REAÇÃO DOS SEGUIDORES. E NÃO PRECISARÁ SE PREOCUPAR, PORQUE OS VERDADEIROS CRENTES IRÃO CONTINUAR. SÓ OS FALSOS SAIRÃO DE NOSSO MEIO, PORQUE, NA VERDADE, NUNCA FORAM DOS NOSSOS (1JOÃO 2:19).

TALVEZ DEVÊSSEMOS NOS PREOCUPAR MAIS COM A COMUNHÃO E MENOS COM O ESPETÁCULO; MAIS COM A ILUMINAÇÃO DO ESPÍRITO E MENOS COM AS LUZES COLORIDAS; MAIS COM A AJUDA AO PRÓXIMO E MENOS COM O CRESCIMENTO PATRIMONIAL; ENFIM, MAIS EM CONQUISTAR VERDADEIROS SEGUIDORES QUE EM CONTABILIZAR MEMBROS NOMINAIS.

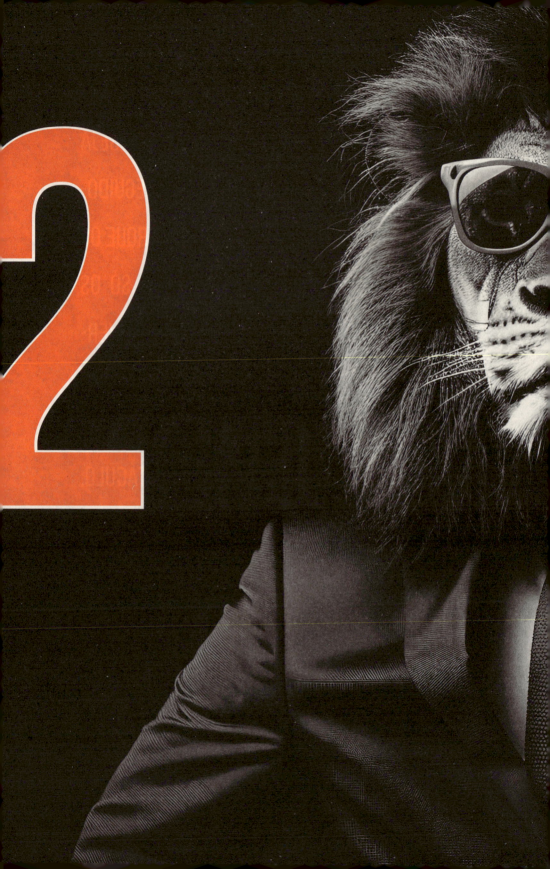

O JESUS MILAGREIRO

MILAGREIRO

INDEPENDENTEMENTE DA RELIGIÃO, o ser humano é fascinado por milagres, esses acontecimentos fora do comum, inexplicáveis pelas leis naturais. Soluções impossíveis são buscadas no mundo sobrenatural. E, convém esclarecer, essa busca nem sempre é empreendida com muito discernimento e muitas vezes é direcionada a fontes não muito recomendáveis de poder, como a mediunidade, em que o curandeiro lida com a mediação de espíritos.

Os milagreiros fazem parte da história humana desde os tempos mais remotos. E, como o assunto é Jesus, vamos citar o caso de um contemporâneo do Senhor: Honi, o Desenhador de Círculos. Conta-se que, durante uma seca severa que assolava Israel, ele desenhou um círculo no chão em torno dele mesmo e jurou que não sairia dali até que a chuva começasse a cair. De acordo com a tradição, as chuvas realmente vieram, primeiro em volume moderado, depois torrenciais, de modo que o problema foi resolvido.

No Brasil, em tempos recentes, muitos curandeiros fizeram fama, como Zé Arigó, especialista em cirurgias espirituais que alegava incorporar o espírito de um certo Dr. Fritz, médico alemão que morreu durante a Primeira Guerra Mundial. Outro desses médiuns dedicados à cura é João de Deus, que atraía pessoas de todo o mundo com suas curas espirituais. Ele afirmava que recebia o espírito do rei Salomão. João de Deus, porém, teve de

JESUS SEM FILTRO

interromper suas atividades ao ser preso sob a acusação de abuso sexual e falsidade ideológica, entre outros crimes — nesse meio, as fraudes e as falsas curas não são novidade.

O problema com as curas espirituais e milagres é que em geral na prática constituem um fim em si mesmo ou, como até no caso de muitas igrejas, acabam se tornando prioridade, em prejuízo da espiritualidade saudável. Vimos no capítulo anterior que Cristo não rejeita nenhum seguidor, mas que essa aceitação não é de qualquer forma. Ele não quer engajamento superficial, mas uma entrega plena. A verdadeira espiritualidade deve contemplar a pessoa inteira e de forma equilibrada.

E, se às vezes nem os cristãos percebem isso, não é de admirar que os filtros da sociedade atual vejam também de forma distorcida o ministério de curas e milagres de Jesus. Na melhor das hipóteses, é considerado um homem de tal modo dotado de poder que era capaz de realizar milagres impressionantes, como curar qualquer doença, interferir nos fenômenos naturais, multiplicar alimentos e até ressuscitar os mortos. Mas isolar sua capacidade miraculosa do restante de sua obra reduz a mensagem central de amor, arrependimento e reconciliação que Ele veio proclamar.

OS MILAGRES DE JESUS

Mesmo no mundo não cristão, há vários indivíduos venerados por obras extraordinárias que transcendem a explicação científica, como materialização de objetos, leitura de pensamentos e outras façanhas inexplicáveis, caso sejam verdadeiros. E, assim como no caso dos curandeiros, não há nesses alegados milagres nenhum propósito relacionado com salvação do ser humano. Na verdade, a maioria desses milagreiros usa seu suposto dom para benefício próprio: fama, prestígio e, claro, dinheiro.

O JESUS MILAGREIRO

Cristo, durante seu ministério, realizou muitos milagres, também chamados "sinais" no Evangelho de João, que, além das intervenções no mundo natural, incluíam as curas físicas. No entanto, além de realizar feitos inimitáveis pelo poder de Deus, Ele nunca fez uso deles para se beneficiar.

A melhor maneira de entender o que Jesus fazia e por que é indo diretamente à fonte, ou seja, consultando os evangelhos. Nesses quatro livros, estão registrados os milagres, as curas e os exorcismos que ele realizou, bem como o motivo de estarem incluídos em sua missão.

Suas ações milagrosas tinham um propósito especial no escopo de seu ministério, mas, antes de esclarecer o assunto, vamos lembrar alguns deles, uma vez que os evangelhos fazem questão de registrá-los.

JESUS TRANSFORMOU ÁGUA EM VINHO

O primeiro milagre de Jesus ocorreu em uma festa de casamento. Tudo corria bem quando o mestre de cerimônias comunicou o noivo que o vinho havia acabado, uma gafe social imperdoável naqueles tempos. Ao perceber a aflição dos donos da festa, Maria foi procurar Jesus, na esperança de que Ele resolvesse o problema, mas a resposta não foi muito animadora. Mesmo assim, ela recomendou aos serviçais que seguissem as instruções dele. De fato, logo depois Ele ordenou que se enchessem de águas algumas talhas de pedra, usadas para lavagem cerimonial, que juntas podiam conter cerca de 500 litros ou mais. Feito isso, Ele ordenou que levassem uma amostra ao mestre de cerimônias, e a reação deste foi de espanto:

Tendo o mestre-sala provado a água transformada em vinho (não sabendo donde viera, se bem que o sabiam os serventes que haviam tirado a água), chamou o noivo e lhe disse: Todos costumam pôr primeiro o bom vinho e, quando já beberam fartamente, servem o inferior; tu, porém, guardaste o bom vinho até agora (João 2:9-10).

Afirma-se que esse foi o primeiro milagre de Jesus no decorrer de seu ministério porque o próprio texto informa que "deu Jesus princípio a seus sinais em Caná da Galileia; manifestou a sua glória, e os seus discípulos creram nele" (João 2:11).

JESUS MULTIPLICOU PÃES E PEIXES

Sem dúvida, um dos milagres mais extraordinários de Jesus foi a multiplicação de cinco pães e dois peixes, que alimentaram 5 mil homens (mulheres e crianças não foram computadas, por isso podemos deduzir que o número de pessoas alimentadas foi bem maior). O texto bíblico acrescenta que "todos comeram e se fartaram; e ainda recolheram doze cestos cheios de pedaços de pão e de peixe" (Marcos 6:42-43).

E, como se não bastasse, houve outro milagre semelhante, registrado apenas por Mateus, em que Jesus tomou sete pães e alguns peixes "e, dando graças, partiu, e deu aos discípulos, e estes, ao povo. Todos comeram e se fartaram; e, do que sobejou, recolheram sete cestos cheios. Ora, os que comeram eram quatro mil homens, além de mulheres e crianças" (Mateus 15:36-38).

JESUS CAMINHOU SOBRE AS ÁGUAS E ACALMOU TEMPESTADES

Certo dia, os discípulos entraram em um barco para atravessar o mar da Galileia sem a companhia de Jesus, porque Ele ficou em terra a fim de buscar um lugar solitário para orar. Após a oração,

O JESUS MILAGREIRO

resolveu ir ao encontro deles. Como não havia outro barco disponível, simplesmente foi na direção deles andando sobre as águas. Os discípulos levaram um tremendo susto quando o viram, pois pensaram que era um fantasma. Enquanto Ele se aproximava do barco, uma grande tempestade se formou, mas, pelo seu poder, Ele fez a ventania cessar. Os discípulos, abismados, exclamaram: "Verdadeiramente és Filho de Deus!" (Mateus 14:33). Em outra ocasião, Ele também acalmou uma tempestade. E, mais uma vez, o espanto dos discípulos é registrado: "Quem é este que até o vento e o mar lhe obedecem?" (Marcos 4:41).

JESUS RESSUSCITOU MORTOS

Jesus declarou que veio ao mundo para dar vida e que Ele mesmo era a Vida (João 10:10; 14:6). E, para provar que não se tratava apenas de retórica, Ele deu vida a três pessoas que já haviam morrido.

Uma das ressurreições foi a de uma menina, filha de Jairo, chefe da sinagoga de Cafarnaum. Na verdade, quando Jairo foi chamar o Mestre ela ainda estava viva, porém morreu enquanto Jesus se dirigia para casa dela (Mateus 9:18-19,23-26).

Outro caso foi o de um jovem, filho de uma viúva da cidade de Naim, no momento em que estava sendo levado para o cemitério. Jesus interrompeu o cortejo, ordenou que o moço se levantasse e devolveu-o à sua mãe (Lucas 7:11-17).

Por fim, Ele ressuscitou Lázaro, amigo de Jesus e irmão de Marta e Maria, cuja casa Ele e seus discípulos costumavam frequentar. Dos três milagres de ressurreição esse foi ainda mais extraordinário, porque Lázaro estava morto havia nada menos que quatro dias (João 11:1-46).

E não podemos nos esquecer de que o próprio Cristo ressurgiu dentre os mortos como "as primícias dos que dormem"

(1Coríntios 15:20), quando decretou a vitória definitiva sobre a morte (1Coríntios 15:54-55). Essas vitórias sobre a morte — as temporárias e a definitiva — refletiam uma declaração do próprio Cristo acerca de si mesmo: "Eu sou a ressurreição e a vida" (João 11:25).

JESUS CUROU TODO TIPO DE ENFERMIDADE

As curas físicas também estão incluídas nos "sinais" ou atos milagrosos realizados por Jesus durante seu ministério terreno, e foram inúmeras. O motivo de tal demanda é que a medicina era muito pouco avançada naqueles tempos. Henri Daniel-Rops, em seu livro *A vida diária nos tempos de Jesus*, informa que "os médicos judeus possuíam desde os primeiros tempos um conhecimento empírico de alguns remédios e das propriedades curativas das plantas". Nas "farmácias", pouca coisa havia além de unguentos e cataplasmas. Os médicos da antiguidade também sabiam muito pouco de anatomia, principalmente os judeus, que eram proibidos pela religião de manipular cadáveres.

Daniel-Rops informa ainda que a medicina, em muitos aspectos, estava mais próxima da magia que da ciência. Grande parte dos tratamentos de doenças não passavam de práticas supersticiosas. E não vamos esquecer os charlatões, que exploravam o povo prometendo — em troca de dinheiro — curas que nunca aconteciam. É possível que a mulher do fluxo de sangue, que antes de ser curada por Jesus "muito padecera à mão de vários médicos, tendo despendido tudo quanto possuía, sem, contudo, nada aproveitar, antes, pelo contrário, indo a pior" (Marcos 5:25), tenha sido vítima desses falsos médicos.

Portanto, não é difícil imaginar por que multidões de enfermos corriam atrás de Jesus em busca de soluções para problemas que a limitada medicina da época não conseguia resolver.

O JESUS MILAGREIRO

O Evangelho de João registra como "sinais" algumas curas físicas. Uma delas é a cura do filho de um importante oficial romano, que ocupava uma posição de destaque na corte do rei Herodes (João 4:46-54). O interessante nesse caso foi que Jesus curou o menino a distância, pois, quando o pai lhe implorou que fosse até sua casa, Jesus limitou-se a responder: "Vai, [...] teu filho vive". Depois o homem confirmou que o filho fora curado na mesma em hora em que Jesus proferira aquelas palavras.

Outra cura identificada como sinal foi a do paralítico no tanque de Betesda (João 5:1-15). O homem estava paralítico havia 38 anos, e Jesus ao passar por ali, perguntou-lhe: "Queres ser curado?". Diante de uma resposta positiva, o Senhor ordenou: "Levanta-te, toma o teu leito e anda". Essa cura gerou muitas críticas por parte dos religiosos, porque era sábado, mas Jesus retrucou: "Meu Pai trabalha até agora, e eu trabalho também". E essa resposta causou ainda mais polêmica, porque nos cultos na sinagoga os judeus dirigiam-se a Deus como "nosso Pai". Com a expressão "meu pai", Jesus estava dizendo que Deus era seu Pai em um sentido exclusivo — uma blasfêmia para os religiosos, que queriam matá-lo ali mesmo.

Outra cura marcante registrada por João como sinal foi a de um cego de nascença (João 9:1-33). Essa cura também gerou um questionamento, agora por parte dos discípulos: "Mestre, quem pecou, este ou seus pais, para que nascesse cego?". A resposta de Jesus já nos dá um vislumbre dos reais propósitos de seu ministério de cura: "Nem ele pecou, nem seus pais; mas *foi para que se manifestem nele as obras de Deus*". Já os guardiães da religião puseram em dúvida a procedência divina dos milagres de Jesus: "Esse homem não é de Deus, porque não guarda o sábado". Então foram interrogar o homem curado, e a cena chega a ser cômica:

45

JESUS SEM FILTRO

Dá glória a Deus; nós sabemos que esse homem é pecador. Ele retrucou: Se é pecador, não sei; uma coisa sei: eu era cego e agora vejo. Perguntaram-lhe, pois: Que te fez Ele? como te abriu os olhos? Ele lhes respondeu: Já vo-lo disse, e não atendestes; por que quereis ouvir outra vez? Porventura, quereis vós também tornar-vos seus discípulos? Então, o injuriaram e lhe disseram: Discípulo dele és tu; mas nós somos discípulos de Moisés. Sabemos que Deus falou a Moisés; mas este nem sabemos donde é. Respondeu-lhes o homem: Nisto é de estranhar que vós não saibais donde Ele é, e, contudo, me abriu os olhos. Sabemos que Deus não atende a pecadores; mas, pelo contrário, se alguém teme a Deus e pratica a sua vontade, a este atende. Desde que há mundo, jamais se ouviu que alguém tenha aberto os olhos a um cego de nascença. Se este homem não fosse de Deus, nada poderia ter feito. Mas eles retrucaram: Tu és nascido todo em pecado e nos ensinas a nós? E o expulsaram.

Assim, enquanto os religiosos ficavam melindrados e se enfureciam, o povo era beneficiado pelo poder de Deus, de modo que "vieram a Ele muitas multidões trazendo consigo coxos, aleijados, cegos, mudos e outros muitos e os largaram junto aos pés de Jesus; e Ele os curou" (Mateus 15:30). Não sabemos quantas curas Jesus realizou, mas o o evangelista Mateus registra que muitas multidões o seguiam, e Ele as curava (Mateus 19:2).

Jesus expulsou demônios

O quarto evangelho não registra nenhum caso de expulsão de demônios. Não sabemos o motivo de João ter omitido essas ações de Jesus, mas em uma de suas cartas ele afirma que o Filho de Deus veio ao mundo "para destruir as obras do diabo" (1João 3:8). E ninguém pode negar que a possessão demoníaca é uma dessas obras.

O JESUS MILAGREIRO

Contudo, é evidente que ao expulsar demônios Ele demonstrava a superioridade do poder de Deus no mundo espiritual. Afinal, fazia parte de sua missão "proclamar libertação aos cativos" e "pôr em liberdade os oprimidos" (Lucas 4:18; cf. Isaías 61:1-2). Não há dúvida de que o cativeiro e a opressão a que o texto se refere fala de condição espiritual.

É interessante que os próprios demônios pareciam estar cientes da missão de Jesus na terra, pois a identidade de Jesus não passava despercebida a eles. Certa vez, na região de Gadara, Ele deparou com dois endemoninhados possuídos por uma legião de espíritos malignos. Mas assim que se aproximou deles os demônios gritaram: "Que temos nós contigo, ó Filho de Deus! Vieste aqui atormentar-nos antes do tempo?" (Mateus 8:29). Em outra ocasião, na sinagoga de Cafarnaum, "não tardou que aparecesse na sinagoga um homem possesso de espírito imundo, o qual bradou: Que temos nós contigo, Jesus Nazareno? Vieste para perder-nos? Bem sei quem és: o Santo de Deus!" (Marcos 1:23-24).

Durante seu ministério terreno, Jesus expulsou muitos demônios, e isso não foi coincidência. É óbvio que esses confrontos iriam acontecer. Os reinos do bem e do mal não são indiferentes um ao outro. Logo que desceu do monte da transfiguração, Jesus expulsou o demônio de um jovem que sofria de convulsões desde a infância e que os discípulos não haviam conseguido expulsar (Mateus 17:14-20). Ele também expulsou sete demônios de Maria Madalena e libertou outras mulheres possuídas por espíritos malignos (Lucas 8:2). Certa tarde, quando Ele estava na casa de Pedro, foram trazidos a Ele "muitos endemoninhados; e Ele meramente com a palavra expeliu os espíritos" (Mateus 8:16). Logo adiante, é dito que Ele fazia isso "para que se cumprisse o que fora dito por intermédio do profeta Isaías: Ele mesmo tomou as nossas enfermidades e carregou com as nossas doenças" (v. 17).

JESUS SEM FILTRO

Convém lembrar ainda que algumas doenças eram causadas pela ação de espíritos malignos. Um desses caso foi o de uma mulher que andava encurvada porque "possessa de um espírito de enfermidade, havia já dezoito anos" (Lucas 13:11). Jesus também curou um homem que estava mudo por estar endemoninhado. Assim que o demônio foi expulso, o homem começou a falar (Mateus 9:32-34). Há também o caso de um homem que não só perdera a voz, mas também, por causa da possessão demoníaca, havia ficado cego (Mateus 12:22). A explicação de Mateus, mencionada no parágrafo anterior, não deixa dúvidas de que a expulsão de demônio fazia parte da missão do Filho de Deus na terra.

O propósito dos milagres no ministério de Jesus

João informa que "fez Jesus diante dos discípulos muitos outros sinais que não estão escritos neste livro" (João 20:30), e aqui chegamos à questão: essas ações extraordinárias não eram meras exibições de poder para glória pessoal. Mas qual seria esse propósito?

Em João 2:11, lemos que "deu Jesus princípio a seus sinais em Caná da Galileia" (quando transformou água em vinho). A palavra-chave aqui é "sinais", que no contexto das atividades messiânicas transcende a simples definição de "ato milagroso". Os sinais são manifestações tangíveis do poder divino e apontam para uma realidade maior ao revelar aspectos importantes sobre Jesus e sua missão.

Como se vê, o propósito dos milagres no ministério de Jesus é multifacetado, mas o motivo principal era que os milagres de Jesus serviam como evidência de que Ele era o Messias e comprovavam sua autoridade e seu poder sobre a natureza, as doenças, os demônios e até a morte. Certa ocasião, seu primo João Batista, ouvindo "falar das obras de Cristo, mandou por seus discípulos perguntar-lhe: És tu aquele que estava para vir ou havemos de

O JESUS MILAGREIRO

esperar outro? E Jesus, respondendo, disse-lhes: Ide e anunciai a João o que estais ouvindo e vendo: os cegos veem, os coxos andam, os leprosos são purificados, os surdos ouvem, os mortos são ressuscitados, e aos pobres está sendo pregado o evangelho" (Mateus 11:2-5). Para não deixar dúvidas, os sinais "foram registrados para que creiais que Jesus é o Cristo, o Filho de Deus, e para que, crendo, tenhais vida em seu nome" (João 20:31).

A autoridade de Jesus foi evidenciada de modo bem explícito quando lhe trouxeram um paralítico para que Ele o curasse. Mas, em vez de simplesmente ordenar ao homem que se levantasse, Ele disse: "Homem, estão perdoados os teus pecados". Os religiosos que presenciavam a cena não gostaram nada daquilo:

> Quem é este que diz blasfêmias? Quem pode perdoar pecados, senão Deus? Jesus, porém, conhecendo-lhes os pensamentos, disse-lhes: Que arrazoais em vosso coração? Qual é mais fácil, dizer: Estão perdoados os teus pecados ou: Levanta-te e anda? Mas, para que saibais que *o Filho do Homem tem sobre a terra autoridade para perdoar pecados* — disse ao paralítico: Eu te ordeno: Levanta-te, toma o teu leito e vai para casa. Imediatamente, se levantou diante deles e, tomando o leito em que permanecera deitado, voltou para casa, glorificando a Deus. Todos ficaram atônitos, davam glória a Deus e, possuídos de temor, diziam: Hoje, vimos prodígios (Lucas 5:21-26).

Os escribas e fariseus estavam certos ao dizer que só Deus podia perdoar pecados. Jesus, portanto, estava afirmando que era Deus. Eles provavelmente viram a oportunidade de provar que Jesus era uma fraude, porque qualquer enganador poderia dizer: "Estão perdoados os teus pecados". E não haveria como demonstrar se suas palavras eram verdadeiras ou não. Eles criam que as doenças eram causadas pelo pecado, e assim a comprovação do perdão anunciado por Jesus só seria validada pela cura do homem.

JESUS SEM FILTRO

E foi o que aconteceu. Ficou provado que "o Filho do Homem tem sobre a terra autoridade para perdoar pecados".

Os milagres ou sinais também serviram para autenticar a mensagem de Jesus. Ou seja, para comprovar que suas palavras e seus ensinamentos tinham a aprovação do Pai e que Ele falava com autoridade divina. Essa autoridade era percebida pelas multidões que ouviam sua mensagem. Elas ficavam "maravilhadas da sua doutrina; porque Ele as ensinava como quem tem autoridade e não como os escribas" (Mateus 7:28-29).

AS DISTORÇÕES EVANGÉLICAS

No início deste capítulo, afirmamos que os próprios cristãos às vezes enxergam de maneira distorcida o ministério de curas e milagres de Jesus, pouco diferenciando dos filtros aplicados pela sociedade em geral. Grande parte desse desvio de propósito sem dúvida decorre de uma interpretação equivocada de Isaías 53:4: "Certamente, Ele tomou sobre si as nossas enfermidades e as nossas dores levou sobre si". Levou-se a declaração do profeta a um extremo que tornou a cura a missão primária de Jesus.

A ênfase na cura divina começou a se alastrar pelo mundo no início do século 20, após a eclosão do movimento pentecostal. Muitos pentecostais se tornaram conhecidos por suas cruzadas de cura divina.

No Brasil, principalmente na década de 1970, eram comuns as cruzadas evangelísticas, em que se pregava o evangelho, é verdade, mas havia também certa ênfase nas curas. Até denominações evangélicas foram fundadas com esse apelo. Algumas denominações neopentecostais, vinculadas à teologia da prosperidade, continuaram com essa ênfase, mas a levaram a questão da cura a extremos.

O JESUS MILAGREIRO

E não vamos esquecer as fraudes. Elas também existem em nosso meio. Embora se possam computar milhares e milhares de casos autênticos de curas pelo poder de Deus, muitos desses milagres propalados em nossos púlpitos nunca aconteceram. Pessoas saem pelas igrejas dando testemunho de que foram curadas e pouco depois morrem da mesma doença. Há também relatórios enfeitados com números irreais e até mesmo ações fraudulentas, com falsos depoimentos — principalmente na televisão — e a contratação de atores em cadeiras de rodas, que encenam a recuperação do movimento das pernas após a oração "poderosa".

Existem também os "ministérios de revelação", que costumam não passar de um teatro de mau gosto. Alguns alegam ter o dom de "revelar" fatos específicos da vida das pessoas na plateia, como o nome de alguém que faz parte da vida delas ou mesmo o número do CPF! Mas, como já se provou exaustivamente, essas informações são colhidas quase todas nas redes sociais. Com uma boa pesquisa, é possível "revelar" muita coisa da vida de qualquer usuário do Facebook, do Instagram e outros aplicativos de compartilhamento.

Por fim, certos líderes religiosos chegam a ensinar os crentes a não aceitar a doença em seu corpo, porque Jesus "tomou sobre si as nossas enfermidades" — outra interpretação extremada do texto citado.

Os que defendem a ideia de que todos podem ser curados a qualquer tempo costumam se apoiar em um texto de João, no qual o apóstolo declara: "Aquele que nasceu de Deus o guarda, e o Maligno não lhe toca" (1João 5:18). Portanto, concluem, se o Maligno não pode tocar em você e você é alguém que veio da parte de Deus, não pode aceitar a doença em sua vida. No entanto, o contexto da passagem indica que o assunto não é cura nem possessão, mas santidade. Quem está em Cristo, não está mais sob o domínio do Diabo, mas sob a proteção do Senhor. Isso não

JESUS SEM FILTRO

quer dizer, porém, que não estejamos sujeitos às aflições desta vida (João 16:33).

A declaração de Isaías ainda será cumprida em sentido mais amplo, quando todas as doenças forem exterminadas, mas isso acontecerá no dia em que não houver mais maldição, após a segunda vinda de Cristo e nosso ingresso em seu reino Eterno. Mas por ora, nesta terra, sofremos com doenças e dores. Sim, Jesus pode curar e restaurar, mas nem sempre fará isso.

Portanto, não é saudável afirmar que toda doença, em qualquer época, será curada. Isso é fazer com que as pessoas tenham uma falsa esperança ou criem falsa expectativa.

Na verdade, há nas Escrituras vários casos de pessoas que não foram curadas, a começar pelo próprio ministério de Jesus. Certa vez, Ele foi visitar sua terra natal, Nazaré, e ministrou seus ensinos ao povo. Contudo, "não pôde fazer ali nenhum milagre, senão curar uns poucos enfermos, impondo-lhes as mãos" (Marcos 6:5). Se o próprio Cristo deixou de curar alguns, quem poderia prometer curar a todos?

O apóstolo Paulo foi usado por Deus para curar muitas pessoas, e certa ocasião chegou a trazer um morto de volta à vida (Atos 20:9-12). No entanto, recomendou ao seu companheiro de ministério Timóteo que usasse um pouco de vinho por causa de uma enfermidade no estômago (1 Timóteo 5:23). Por que Timóteo não foi curado? Outro companheiro do apóstolo, Trófimo, certa vez não pôde acompanhá-lo em uma viagem porque estava doente (2 Timóteo 4:20). O próprio Paulo estava doente quando pregou na Galácia pela primeira (Gálatas 4:13-15).

Embora os milagres de Jesus tenham impressionado as multidões, é importante lembrar que o propósito deles ia muito além da simples demonstração de poder. Jesus jamais realizou milagres para entreter ou para atrair seguidores com intenções superficiais.

CADA ATO MIRACULOSO REVELAVA SUA AUTORIDADE DIVINA E APONTAVA PARA A NECESSIDADE DE FÉ E ARREPENDIMENTO. ELES APONTAVAM PARA UMA REALIDADE ESPIRITUAL MAIOR: A SALVAÇÃO.

ALÉM DISSO, OS MILAGRES DE JESUS NÃO FORAM REALIZADOS PARA BENEFÍCIO PRÓPRIO. ELE NÃO SE APROVEITOU DISSO PARA OBTER FAMA, RIQUEZA OU PRESTÍGIO. PELO CONTRÁRIO, ELE DEMONSTROU QUE O VERDADEIRO PODER RESIDE NO SERVIÇO, NA HUMILDADE E NA TRANSFORMAÇÃO INTERIOR. O QUE MAIS IMPRESSIONA NOS MILAGRES DE JESUS NÃO É APENAS O EVENTO EM SI, MAS O FATO DE QUE ELES SERVIAM COMO PROVA DE SUA MISSÃO: RESGATAR A HUMANIDADE DO PECADO E RESTAURAR NOSSA RELAÇÃO COM DEUS.

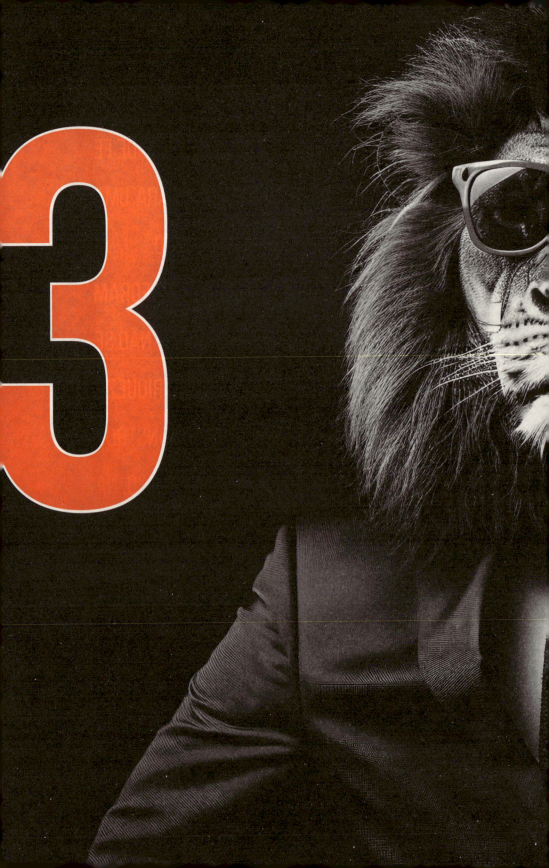

O JESUS
LIBERAL

HÁ UM DEBATE CONTÍNUO sobre a relação de Jesus com a Lei de Moisés. Alguns argumentam que Jesus era um liberal com respeito às leis e tradições judaicas, que Ele as adaptava ou simplesmente as desconsiderava, conforme a necessidade. No entanto, uma análise mais profunda dos textos bíblicos sugere que Jesus, longe de ser um liberal, era um fervoroso defensor da essência e do propósito da Lei.

Para entender essa relação, precisamos lembrar o contexto em que Jesus viveu. Ele nasceu e foi criado como judeu, em uma época na qual a observância da Lei era crucial para a identidade religiosa e cultural do povo de Israel, e não ignorava esse fato. Na verdade, Ele deixou bem claro seu posicionamento quanto a essa questão: "Não penseis que vim revogar a Lei ou os Profetas; não vim para revogar, vim para cumprir. Porque em verdade vos digo: até que o céu e a terra passem, nem um i ou um til jamais passará da Lei, até que tudo se cumpra" (Mateus 5:17-18). O cumprimento a que Ele se referia não implicava a rejeição às leis, e sim a realização plena de seus princípios mais profundos.

Nos episódios em que Jesus parece violar ou ignorar certas tradições judaicas, como o sábado (João 5:18) ou as práticas de purificação (Marcos 7:1-23), Ele estava na verdade corrigindo interpretações errôneas e abusos dessas tradições. Ao contrário do que pensam alguns, as atitudes do Mestre não podem de forma alguma ser interpretadas como um abandono da Lei. Sua preocupação era justamente resgatar o espírito da Lei, que é a misericórdia, a justiça e o amor a Deus e ao próximo. O que Ele condenava era a adesão cega a rituais que muitas vezes ofuscavam o verdadeiro significado das leis outorgadas por Deus.

Nem mesmo a inclusão do mandamento adicional de amar a Deus "de todo o teu entendimento" (Mateus 22:37) pode ser um exemplo de atualização ou modificação da Lei, mas uma ênfase no amor que se deve a Deus. Jesus reiterava a importância de uma fé vivida de forma plena e consciente, não apenas ritualística. Ele questionava as tradições humanas que distorciam o que Deus ordenara e convocava os religiosos a uma observância mais profunda e sincera da Lei.

Por fim, as interações de Jesus com diversas classes pessoas, algumas delas marginalizadas pelos padrões religiosos de sua época, ilustram seu compromisso com a aplicação correta da Lei. Ele demonstrava que a verdadeira justiça divina transcendia as barreiras sociais e religiosas, sem desconsiderar os mandamentos de Deus.

Portanto, a ideia de que Jesus era um liberal que desprezava a Lei de Moisés é desmentida no relato dos evangelhos, nos quais é retratado como alguém preocupado em restaurar seu verdadeiro propósito e aplicação. Vemos essa preocupação até nas polêmicas em que Ele se envolveu em torno da guarda do sábado e de certos rituais de purificação. A verdade é que em todas as questões relacionadas com a Lei, como veremos a seguir, Ele na realidade se mostrou seu mais fiel guardião.

JESUS E O SÁBADO

Os defensores da teoria do Jesus liberal não hesitam em afirmar que Ele não guardava o sábado, e a ideia de que Jesus não dava lá muita importância para o dia sagrado de descanso dos judeus às

O JESUS LIBERAL

vezes é sugerida nos púlpitos cristãos mais conservadores. Essas falsas impressões decorrem do fato de que nos tempos de Cristo as regras em torno dessa prática religiosa haviam se multiplicado em tantas minúcias que era praticamente impossível alguém seguir à risca as prescrições dos líderes religiosos.

Só para citar um exemplo, havia regras relacionadas até com o ato de cuspir no chão. Os fariseus ensinavam que cuspir no chão desnudo no dia de sábado podia resultar em uma violação ao descanso sagrado, porque a saliva, caso fizesse um pequeno sulco ou cavidade no solo, estaria produzindo um efeito análogo à aradura do solo, e o trabalho agrícola era proibido nesse dia.

Havia também certas condescendências. No episódio em que Jesus curou um homem que tinha a mão ressequida, os fariseus lhe haviam perguntado se era lícito curar no sábado, e a resposta de Jesus foi: "Qual dentre vós será o homem que, tendo uma ovelha, e, num sábado, esta cair numa cova, não fará todo o esforço, tirando-a dali? Ora, quanto mais vale um homem que uma ovelha? Logo, é lícito, nos sábados, fazer o bem" (Mateus 12:11-12). Nos tempos de Jesus, era lícito socorrer uma pessoa ou mesmo um animal cuja vida estivesse em perigo no dia de sábado.

No tempo do macabeus, nada menos de mil judeus se deixaram matar pelos invasores sírios porque se recusaram a pegar em armas para não violar o sábado. Conta-se também que durante o cerco do general romano Pompeu a Jerusalém, em 63 a.C., os defensores dos muros da cidade abandonaram o posto no momento em que começou o sábado. Por causa de incidentes como esses, decidiu-se que era um ato legítimo lutar em defesa própria no dia de descanso. Mas nem isso era unanimidade. Entre os essênios, uma comunidade judaica mais radical, acreditava-se que era preferível deixar uma pessoa morrer sem socorro que violar a lei do sábado.

Mas se Jesus não violava o sábado, qual era sua verdadeira atitude com relação ao dia de descanso dos judeus? Que justificativa

JESUS SEM FILTRO

Ele apresentava diante daqueles que o acusavam de transgredir a Lei? Jesus apresentava pelo menos dois argumentos para justificar as curas que realizava no sábado e certas atitudes de seus discípulos (Mateus 12:1-2).

"Meu Pai trabalha até agora"

Jesus utilizou esse argumento durante uma festa em Jerusalém, quando em um dia de sábado curou um paralítico junto ao tanque de Betesda. Foi o terceiro "sinal" registrado por João. E, à primeira vista, parecia mesmo uma provocação e uma revolta contra a religião instituída, porque os dois sinais anteriores foram de natureza mais reservada. O primeiro foi a transformação de água em vinho em uma festa particular de casamento. (João 2:1-11). O segundo foi a cura de um oficial do rei, feita a distância e restrita a um ambiente familiar, em um dia normal (João 4:46-54). Mas a cura do paralítico não só se deu em público, como também em um dia de sábado. Era como se Jesus estivesse dizendo: "Eu não dou a mínima para o sábado de vocês".

E não seriam só os que veem Jesus como um liberal que fariam essa leitura. Os judeus que souberam da cura realizada no dia sagrado de descanso também ficaram furiosos com Ele, por considerarem aquele ato milagroso uma violação. A opinião corrente era: "Esse homem não é de Deus, porque não guarda o sábado" (João 9:16).

Além disso, alguns estudiosos acreditam que os cinco pavilhões do tanque de Betesda representavam os cinco livros da Lei, a *Torá*. Seria um símbolo do povo espiritualmente enfermo que jazia sob a Lei, que não tinha poder para curar, apenas para diagnosticar a doença — o pecado. A Lei, da mesma forma que os pórticos, dava refúgio à alma doente, mas não tinha a capacidade de curá-la. Caso os judeus da época de Jesus fizessem mesmo esse tipo de associação, a provocação de Jesus seria ainda mais evidente.

Os judeus, então, zelosos de sua Lei, foram atrás de Jesus para pedir explicações. Sem demonstrar alegria ou admiração alguma pela cura do pobre homem, eles só queriam saber por que Jesus "fazia estas coisas no sábado" (João 5:16). E Ele respondeu: "Meu Pai trabalha até agora, e eu trabalho também" (v. 17).

A resposta de Jesus deixou-os ainda mais enfurecidos e escandalizados, porque ao se referir a Deus, os judeus empregavam a expressão "nosso Pai" nos cultos da sinagoga. Ao usar a expressão "meu Pai", Jesus estava dizendo que Deus era seu Pai em um sentido exclusivo, que indicava uma relação de igualdade. Assim, a acusação de violação do sábado mudou rapidamente para blasfêmia (v. 18), que era um pecado punido com a morte (Levítico 24:15-16). No entanto, em sua relação com o sábado e com outros assuntos (por exemplo, Mateus 9:6), sua identidade divina não poderia se manter oculta. O "Senhor do sábado" (Lucas 6:5) não poderia ser menos que Deus. A sequência da resposta — "... eu trabalho também" — mostra a mesma relação de igualdade.

A afirmação de que Deus trabalhava no sábado tem gerado certa discussão entre os estudiosos. Alguns entendem que Ele descansou da obra da criação, no entanto ainda trabalha para mantê-la (Hebreus 1:1-3). Se Deus não fizesse nenhum trabalho no sábado da criação (a época que vivemos desde Gênesis 2), a natureza se tornaria caótica e o pecado dominaria o mundo.

Outros acreditam que foi por causa do que Ele teve de trabalhar. Com a queda do homem, Ele teve de entrar em ação para providenciar um Redentor (Gênesis 3:15). E deu sequência à obra de redenção escolhendo Abraão (Gênesis 12) e a nação de Israel, tudo isso para preparar o berço do Messias. Todo o Antigo Testamento mostra Deus trabalhando a favor da redenção do homem.

No entanto, preferimos a ideia expressa no próprio texto bíblico, um detalhe que poucos parecem perceber. Em Gênesis 2:2, lemos: "Havendo Deus terminado *no dia sétimo* a sua obra, que fizera, descansou nesse dia de toda a sua obra que tinha feito". O que esse versículo mostra é que Deus descansou no sábado, mas também trabalhou nesse dia. O "dia sétimo" não foi apenas de descanso. A obra da criação foi concluída nesse dia.

Portanto, se o Pai trabalhou no dia do descanso, o sábado não estava sendo violado pelo fato de Jesus curar alguém nesse dia. A explicação está no segundo argumento que Jesus utilizou para justificar as curas que realizava no sábado.

"O SÁBADO FOI ESTABELECIDO POR CAUSA DO HOMEM"

Outra resposta contundente de Jesus sobre a questão do sábado, na qual também sua identidade divina se manifesta, está registrada em Marcos 2:23-28:

> Aconteceu atravessar Jesus, em dia de sábado, as searas, e os discípulos, ao passarem, colhiam espigas. Advertiram-no os fariseus: Vê! Por que fazem o que não é lícito aos sábados? Mas Ele lhes respondeu: Nunca lestes o que fez Davi, quando se viu em necessidade e teve fome, ele e os seus companheiros? Como entrou na Casa de Deus, no tempo do sumo sacerdote Abiatar, e comeu os pães da proposição, os quais não é lícito comer, senão aos sacerdotes, e deu também aos que estavam com ele? E acrescentou: O sábado foi estabelecido por causa do homem, e não o homem por causa do sábado; de sorte que o Filho do Homem é Senhor também do sábado.

De acordo com a Lei, não era considerado roubo entrar na seara de alguém e colher espigas para matar a fome. O viajante faminto podia arrancar com as mãos quantas espigas pudesse. Só não era permitido usar a foice ou guardá-las em um cesto

(Deuteronômio 23:24-25). Se a pessoa quisesse comer na hora, arrancava as espigas, debulhava-as com as mãos e comia os grãos crus. Era o que os discípulos de Jesus estavam fazendo, e não havia nada de errado nisso. O problema é que era sábado.

Naturalmente, alimentar-se no sábado não era considerado trabalho, mas fazer comida sim. E os líderes religiosos também tinham restrições quanto a colher espigas para comer nesse dia. Isso porque, na busca por definir as atividades proibidas no dia de descanso, eles acabaram listando 39 categorias de trabalho, e a colheita era uma delas. Assim, o ato de colher uma espiga para matar a fome veio a se tornar uma violação do sábado. Por isso, quando os fariseus viram os discípulos de Jesus colhendo espigas para comer no dia de sábado, a reprovação foi imediata.

O que eles não estavam esperando era a resposta demolidora de Jesus. Depois de citar o exemplo de Davi em Nobe e o ofício dos próprios sacerdotes no Templo, Jesus explicou aos religiosos o verdadeiro motivo da lei do descanso, que eles pareciam ter esquecido.

O exemplo de Davi
Nobe era uma comunidade sacerdotal. O Tabernáculo fora transferido de Siló para esse local, e Davi e seus homens, enquanto fugiam de Saul, passaram por ali. Eles estavam famintos, e Davi pediu algo de comer ao sacerdote Aimeleque. A única coisa que o religioso tinha em mãos eram os pães da proposição, considerados sagrados e de consumo exclusivo dos sacerdotes (1Samuel 21:1-6; cf. Levítico 24:5-9). No entanto, Aimeleque, que viveu séculos antes das regras absurdas criadas pelos líderes religiosos de Israel, não teve nenhuma dificuldade em atender àquela necessidade. Ele sabia que a fome tinha prioridade sobre qualquer costume ou prática ritual. Mas os religiosos dos tempos de Jesus pareciam ter esquecido esse princípio.

O exemplo dos sacerdotes

Ao relatar o mesmo incidente, Mateus menciona outro exemplo dado por Jesus e omitido por Marcos: o dos sacerdotes no próprio exercício de sua função: "Ou não lestes na Lei que, aos sábados, os sacerdotes no templo violam o sábado e ficam sem culpa?" (Mateus 12:5). Um fato notório era que justamente os sacerdotes trabalhavam no sábado à vista de todo o povo (Números 28:9-10), e não eram condenados por isso. É a prova bíblica de que toda regra tem exceção.

O descanso dos sacerdotes no sábado era uma impossibilidade, porque os sacrifícios e certas atividades no Tabernáculo e depois no Templo eram ininterruptos, determinados pelo próprio Deus. Portanto, ao trabalhar no sábado, eles estavam *obedecendo* a Deus, o que está longe de ser um pecado.

Cristo lembrou aqueles religiosos cegos de que os próprios sacerdotes, no cumprimento de seu ofício, trabalhavam no dia de descanso. Ele também fez outra declaração que deve ter surpreendido — e irritado — os fariseus: "Aqui está quem é maior que o templo" (v. 6). Jesus é Rei, Sacerdote e Profeta, porém "maior" que todos eles. Como Sacerdote, Ele é "maior do que o templo"; como Profeta, "maior do que Jonas" (v. 41); como Rei, "maior do que Salomão" (v. 42). Essas declarações implicam que Ele está acima de qualquer instituição, por mais sagrada e honrada. Sua superioridade ao sábado, portanto, é inquestionável.

Acreditava-se que o Templo abrigava a presença divina, mas Jesus era o Deus encarnado e, portanto, "maior que o templo". Era Ele quem ditava as regras em sua Casa.

A razão do sábado

Depois de deixar os opositores sem resposta, Jesus pôs o último prego no caixão: "O sábado foi estabelecido por causa do homem, e não o homem por causa do sábado" (Marcos 2.27). O sábado não era uma imposição legal, a ser cumprida a qualquer custo. Era, na verdade, um presente de Deus ao ser humano, de modo que este pudesse dar uma pausa na rotina de trabalho e assim manter o equilíbrio físico, psicológico, social e espiritual. O dia de descanso beneficiava a todos: senhores, e escravos, homens e mulheres e até os animais.

O sábado foi idealizado para beneficiar as pessoas, não para escravizá-las. Foi feito para proporcionar descanso, não para exigir sacrifícios. Com o passar do tempo, no entanto, o excesso de especulação em torno do texto bíblico fez com que as autoridades religiosas perdessem a visão do propósito original de Deus. O excesso de regras extrabíblicas acabou escravizando as pessoas, que, em vez de desfrutar descanso e alegria, passaram a viver sob o temor da transgressão às leis dos homens.

Portanto, longe de desprezar ou violar o sábado, as ações de Jesus nesse dia visavam à restauração do intento original dessa instituição, aviltado pela cegueira do legalismo religioso. Como bom judeu, Jesus guardava o sábado, mas da maneira correta, consciente do que Deus pretendia ao estabelecer o dia de descanso semanal.

Jesus encerra a discussão reivindicando mais uma vez sua divindade ao declarar: "O Filho do Homem é Senhor também do sábado" (Marcos 2.28). Todos os envolvidos no incidente sabiam que Deus havia criado o sábado.

Dessa vez, os evangelistas não registram nenhum protesto, e a intenção do Senhor é óbvia: declarar seus discípulos inocentes diante da acusação dos fariseus. E Ele podia fazer isso porque havia criado o sábado. Cristo veio libertar qualquer um que seja manipulado pelo legalismo religioso e restaurá-lo ao propósito original da criação de Deus.

CRISTO, NOSSO SÁBADO

"Sábado" significa "repouso", "descanso". No entanto, a simples observância religiosa não proporciona descanso algum. Como se não bastasse, os fariseus haviam atado fardos adicionais, "pesados [e difíceis de carregar] [...] sobre os ombros dos homens" (Mateus 23:4). Isso é o oposto de descanso. Mas Jesus veio oferecer verdadeiro descanso a todos os que se aproximassem dele: "Vinde a mim, todos os que estais cansados e sobrecarregados, e eu vos aliviarei. Tomai sobre vós o meu jugo e aprendei de mim, porque sou manso e humilde de coração; e achareis descanso para a vossa alma" (Mateus 11:28-29). Ele é nosso verdadeiro Sábado!

O Senhor do sábado convida todos os que estão cansados e sobrecarregados a buscar descanso nele. Esse convite revela que o verdadeiro descanso não é apenas físico, mas também espiritual e emocional, e pode ser encontrado em um relacionamento íntimo com Cristo. Ele é a Fonte de alívio e renovação para todos os que estão oprimidos pelas dificuldades da vida.

Essa promessa é reforçada em Hebreus 4:9, quando o autor da carta declara que "resta um repouso para o povo de Deus". É uma alusão óbvia ao descanso sabático prescrito na Lei, mas que transcende o descanso físico, pois leva o crente a experimentar uma paz profunda e duradoura. Em Jesus, portanto, encontramos o verdadeiro descanso sabático — não em um Jesus liberal, mas naquele que é o cumprimento pleno do sábado.

JESUS E OS RITUAIS DE PURIFICAÇÃO

Outro prato cheio para os que defendem a figura de um Jesus liberal é o fato de seus discípulos comerem sem lavar as mãos, uma violação evidente da tradição dos líderes da religião judaica, como neste caso:

O JESUS LIBERAL

> Reuniram-se a Jesus os fariseus e alguns escribas, vindos de Jerusalém. E, vendo que alguns dos discípulos dele comiam pão com as mãos impuras, isto é, por lavar (pois os fariseus e todos os judeus, observando a tradição dos anciãos, não comem sem lavar cuidadosamente as mãos; quando voltam da praça, não comem sem se aspergirem; e há muitas outras coisas que receberam para observar, como a lavagem de copos, jarros e vasos de metal [e camas]), interpelaram-no os fariseus e os escribas: Por que não andam os teus discípulos de conformidade com a tradição dos anciãos, mas comem com as mãos por lavar? (Marcos 7:1-5).

É certo que várias abluções ou lavagens estavam prescritas na Lei. Por exemplo, o sumo sacerdote Arão e seus filhos sacerdotes tinham de lavar as mãos e os pés antes de entrar na Tenda da Congregação (Êxodo 30:17-21). Qualquer um que fosse comer das ofertas sagradas era obrigado a lavar as mãos (Levítico 22:6-7). Os anciãos que morassem próximo de uma cidade onde houvesse ocorrido um homicídio deveriam lavar as mãos para demonstrar inocência com relação ao caso (Deuteronômio 21:1-9) — isso lembra o gesto de Pilatos ao se declarar inocente com relação à sentença de morte de Jesus (Mateus 27:24).

No entanto, esse não era o caso no incidente em questão. A lei do Antigo Testamento não dizia nada sobre o ato de lavar as mãos antes de comer. Os líderes religiosos de Israel exigiam que todos lavassem as mãos antes de comer, embora não fosse uma lei explícita do Antigo Testamento. Para eles, os discípulos de Jesus não tinham respeito pela tradição, porque não cumpriram esse rito judaico. Mas o fato é que, perante a Lei, os discípulos de Jesus não estavam fazendo nada de errado. A exigência dos fariseus e dos escribas era um caso típico de abuso de autoridade, do uso das prerrogativas da religião para atar fardos adicionais às costas do povo.

JESUS SEM FILTRO

Em resposta ao questionamento dos religiosos, Jesus declarou: "Nada há fora do homem que, entrando nele, o possa contaminar; mas o que sai do homem é o que o contamina". Com isso Ele queria dizer que o se traz no coração pode resultar em uma contaminação muito mais perigosa. Os fariseus e escribas, com sua hipocrisia, é que haviam contaminado a Lei e o povo com suas exigências absurdas e interpretações equivocadas da Lei.

E Jesus virou o jogo contra os líderes religiosos acusando-os de negligenciar o mais importante, o mandamento de Deus, por causa da tradição. "Jeitosamente rejeitais o preceito de Deus para guardardes a vossa própria tradição" (Marcos 7:9), afirmou Ele, e citou um exemplo da impureza que emanava do interior deles: "Se um homem disser a seu pai ou a sua mãe: Aquilo que poderias aproveitar de mim é Corbã, isto é, oferta para o Senhor, então, o dispensais de fazer qualquer coisa em favor de seu pai ou de sua mãe" (v. 11-12). Sob a alegação de que era Corbã, ou seja, uma oferta sem resgate, eles aceitavam ofertas de filhos que não ajudavam os pais para poder gastar o dinheiro consigo mesmos com o aval da religião. A verdadeira lei de Deus dizia que os filhos deveriam honrar os pais, porém essa lei era violada pela tradição daqueles religiosos. E, em nome da tradição, eles faziam "muitas outras coisas semelhantes" (v. 13).

Resumindo, Jesus não podia ser tachado de liberal por não obedecer à tradição dos homens. Ninguém é obrigado a respeitar uma tradição. Isso é legalismo. Ninguém pode ser considerado liberal por desobedecer ao legalismo. O liberal é aquele que desobedece e desrespeita as leis afirmadas. Além disso, se Jesus fosse obedecer às leis dos legalistas, Ele seria um legalista, que introduz lei onde não tem, às vezes à custa da verdadeira Lei de Deus. Mas ele não era legalista nem liberal: era apenas obediente à Palavra de seu Pai.

JESUS E A GUARDA DA LEI

Já dissemos que Jesus era um bom judeu cumpridor da Lei. Embora às vezes parecesse que as estava violando, não verdade o que fazia era aplicá-las da maneira correta, de acordo com os propósitos originais. Prova disso é que em diversas ocasiões Ele recomendou práticas específicas da Lei de Moisés.

Certa vez, Ele curou um leproso e ordenou ao homem: "Vai mostrar-te ao sacerdote e fazer a oferta que Moisés ordenou, para servir de testemunho ao povo" (Marcos 8:4). De acordo com a Lei, os sacerdotes eram responsáveis por inspecionar e diagnosticar doenças de pele para determinar se a pessoa estava limpa ou impura (Levítico 13:1-3). Depois de curada a pessoa deveria se apresentar ao sacerdote a fim de ter a cura confirmada. Era ele também quem autorizava sua reintegração à comunidade. Havia um elaborado ritual de purificação, realizado pelo sacerdote, que incluía sacrifícios e ofertas. Esses rituais não só serviam para a purificação cerimonial, como também simbolizavam a restauração espiritual (Levítico 14).

Em outro momento, Jesus, dirigindo-se aos líderes da religião judaica, declarou: "Ai de vós, escribas e fariseus, hipócritas, porque dais o dízimo da hortelã, do endro e do cominho e tendes negligenciado os preceitos mais importantes da Lei: a justiça, a misericórdia e a fé; devíeis, porém, fazer estas coisas, sem omitir aquelas!" (Mateus 23:23). Ele aqui recomenda aos fariseus que continuem a pagar o dízimo, embora devessem atentar para a prática da misericórdia. Como Jesus estava falando a judeus, o dízimo aqui é só um exemplo. Ele poderia ter falado da guarda do sábado, da celebração da Páscoa, dos sacrifícios ou de qualquer outra prescrição da Lei.

Portanto, a identificação dele como um liberal, um líder progressista ou um profeta radical que desprezava as leis e as tradições de seu povo e desafiava as normas sociais e religiosas de sua época é bastante equivocada. É certo que Jesus desafiou muitas tradições e normas no exercício de seu ministério, porém sua mensagem não pode ser reduzida a uma agenda política ou ideológica específica. Ele ensinava princípios de justiça e compaixão que transcendiam as categorias sua época e desafiavam as estruturas religiosas e seculares de poder.

Os cristãos, da mesma forma, devem ter o mesmo entendimento da Lei que tinha o Mestre. O teólogo protestante francês Teodoro de Beza (1519-1605) assim define essa relação:

> O que chamamos de Lei é a doutrina cuja semente é escrita pela natureza em nosso coração. No entanto, para que nosso conhecimento fosse mais preciso, ela foi escrita por Deus em duas tábuas e é compreendida resumidamente em dez mandamentos. Neles, Deus estabelece para nós a obediência e a perfeita justiça, as quais devemos à sua majestade e aos nossos semelhantes, em termos contrastantes: vida eterna, se guardarmos a Lei perfeitamente, sem omitir um ponto sequer; morte eterna, se não cumprirmos completamente cada mandamento (Deuteronômio 30:15-20; Tiago 2:10).
>
> O que chamamos de Evangelho (Boas-Novas) é a doutrina que não está totalmente em nós por natureza, mas é revelada do céu (Mateus 16:17; João 1:13) e supera o conhecimento natural. Por ele, Deus testifica que é seu propósito nos salvar graciosamente por meio de seu único Filho (Romanos 3:20-22). Ele providenciou que, pela fé, recebamos a Jesus como nossa única sabedoria, justificação, santificação e redenção (1Coríntios 1:30). Pelo evangelho, o Senhor dá testemunho a nós de todas essas coisas, e o faz de tal maneira que, ao mesmo tempo, Ele nos renova de forma poderosa e nos capacita a receber os benefícios que nos são ofertados (1Coríntios 2:1-4).

JESUS NÃO REJEITOU A LEI DE MOISÉS, MAS A ELEVOU A UM NÍVEL MAIS PROFUNDO DE COMPREENSÃO E APLICAÇÃO. ELE NÃO VEIO PARA DESTRUIR OU IGNORAR AS TRADIÇÕES, MAS PARA CORRIGIR AS DISTORÇÕES QUE IMPEDIAM AS PESSOAS DE ENTENDER O VERDADEIRO ESPÍRITO DA LEI. SUA OBEDIÊNCIA E REVERÊNCIA À VONTADE DE DEUS MOSTRAVAM QUE A ESSÊNCIA DA LEI ESTAVA ENRAIZADA NO AMOR, JUSTIÇA E MISERICÓRDIA, NÃO NO LEGALISMO CEGO. ASSIM, ENTENDER A VERDADEIRA RELAÇÃO DE JESUS COM A LEI NOS LEVA A REVER NOSSA PRÓPRIA MANEIRA DE VIVER A FÉ, PRIORIZANDO O AMOR A DEUS E AO PRÓXIMO ACIMA DE TUDO.

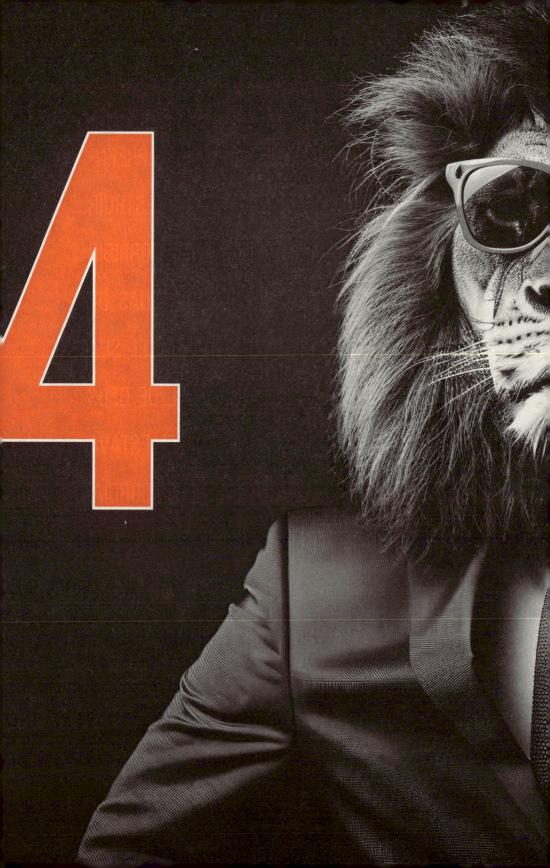

O JESUS
MÍSTICO

DE ACORDO COM DICIONÁRIO, o misticismo é tendência para a vida contemplativa, a inclinação para acreditar em forças e entes sobrenaturais. Podemos dizer que o místico é alguém que busca ou supostamente vive em contato direto e pessoal com o divino, com o transcendente, com o sagrado.

O místico geralmente tenta legitimar sua condição propagando suas experiências pessoais com o mundo espiritual. É comum que ele, até como um caminho, use parábolas para descrever tais experiências, dedique a maior parte de seu tempo a práticas como a meditação, a oração e a contemplação. Muitos deles são propensos ao ascetismo, aquela forma de viver que impõe disciplinas rígidas ao corpo, quase sempre como um caminho necessário a uma proximidade maior com Deus ou para o crescimento espiritual.

Uma característica interessante do misticismo é que ele pode ser encontrado em várias tradições religiosas. No islamismo, por exemplo, é cultivado pelos sufistas, que existem desde os primeiros séculos da religião fundada por Maomé. Eles praticam certos rituais e usam a dança e a música para uma estabelecer uma comunhão direta com a divindade. No judaísmo, a cabala é uma tradição esotérica profundamente relacionada com o misticismo. O cristianismo também tem seus místicos, entre eles a carmelita espanhola Teresa de Ávila (1515-1582), que escreveu livros sobre a espiritualidade e a mística cristãs. O frade dominicano alemão conhecido como Meister (Mestre) Eckhart (1260-1328) é outro católico famoso por seu misticismo.

No Brasil, temos a figura do cearense Antônio Conselheiro (1830-1897), líder religioso também considerado um profeta por seus seguidores. Crítico das desigualdades sociais, ele fundou uma comunidade independente no sertão da Bahia, que foi massacrada por tropas do governo — esse episódio é conhecido como Guerra de Canudos.

Em tempos mais recentes, nas décadas de 1980 e 1990, parte da igreja evangélica brasileira descambou para o misticismo, especialmente entre as igrejas neopentecostais, que muitas vezes se utilizam de práticas consideradas místicas, como quebra de maldições e rituais de libertação que se assemelham a uma visão esotérica da fé.

Em razão de todas essas vertentes religiosas e personagens ligadas ao misticismo, não é de estranhar que pelos filtros da sociedade descrente, Jesus também seja visto como um grande mestre espiritual, alguém cuja ocupação principal era ensinar os caminhos de iluminação e conexão com o sagrado. De acordo com essa visão, Ele transmitiria ensinamentos esotéricos e místicos, a fim de conduzir seus seguidores a uma compreensão mais profunda da natureza da realidade e da vida espiritual. Quando não estava pregando sua doutrina ao povo, Ele se recolhia para orar. Desse modo, não se importava com a vida como ela é. As coisas terrenas, o cuidado com os necessitados e as responsabilidades sociais não faziam parte de suas preocupações.

No entanto, os evangelhos mostram um perfil de Jesus que não se encaixa no papel de uma pessoa dedicada ao misticismo ou alienada da vida terrena. Pelo contrário, os quatro evangelistas mostram um Jesus bastante humano que viveu na terra como tal

O JESUS MÍSTICO

e se preocupava com bem-estar de seus contemporâneos, não se negando a suprir suas necessidades mais urgentes. Todo esse interesse e envolvimento podem ser percebidos em suas parábolas, no Sermão do Monte, em seu ministério de curas e milagres e em sua postura de cidadão que pagava seus impostos.

PARÁBOLAS: RETRATOS DO COTIDIANO

Aqueles que não veem em Jesus nada além de um místico, preocupado apenas com o espiritual, acreditam que quando Ele falava ao povo seu único objetivo era iluminá-los internamente, a fim de levá-los a mudar inteiramente sua cosmovisão e abandonar o interesse por qualquer coisa que pudesse ser conquistada, ensinada ou mesmo trabalhada nesta terra. No entanto, o principal recurso utilizado por Jesus ao ministrar seus ensinamentos às multidões eram as parábolas, histórias cujo contexto de muitas delas retratava a vida cotidiana do povo. Ao ministrar seus ensinamentos Jesus trazia à mente do povo cenas do dia a dia, que eles não tinham nenhuma dificuldade para visualizar, desde o labor no campo até a simples tarefa de varrer a casa. A parábola do joio e do trigo é um exemplo maravilhoso disso:

O reino dos céus é semelhante a um homem que semeou boa semente no seu campo; mas, enquanto os homens dormiam, veio o inimigo dele, semeou o joio no meio do trigo e retirou-se. E, quando a erva cresceu e produziu fruto, apareceu também o joio. Então, vindo os servos do dono da casa, lhe disseram: Senhor, não semeaste boa semente no teu campo? Donde vem, pois, o joio? Ele, porém, lhes respondeu: Um inimigo fez isso. Mas os servos lhe perguntaram: Queres que vamos e arranquemos o joio? Não! Replicou ele, para que, ao separar o joio, não arranqueis

77

também com ele o trigo. Deixai-os crescer juntos até à colheita, e, no tempo da colheita, direi aos ceifeiros: ajuntai primeiro o joio, atai-o em feixes para ser queimado; mas o trigo, recolhei-o no meu celeiro (Mateus 13:24-30).

Os ouvintes palestinos de Jesus, ao ouvir essa parábola, sabiam muito bem do que o Mestre estava falando. O joio era uma praga que infestava as plantações de trigo, e não era aconselhável separá-lo do trigo enquanto ainda estavam crescendo, porque era quase impossível distinguir um do outro. Depois que já estavam crescidos, era fácil diferenciá-los, mas também não era prudente arrancar o joio, porque então as raízes estavam tão entrelaçadas que ao se arrancar o joio o trigo podia ser arrancado também. A solução era esperar a colheita e separar os grãos antes de moê-los. Para o público familiarizado com essa estratégia do homem do campo, ficou fácil entender que não há como evitar a mistura de bons e maus no "campo", isto é, o mundo, mas que no final Deus fará a separação definitiva dos dois grupos.

Outra parábola que retrata muito bem o cotidiano dos judeus da época de Jesus é a da ovelha perdida (Lucas 15:3-7). A carne de ovelha ou de cordeiro era a mais consumida na Palestina, por isso os rebanhos ovinos eram comuns. A estes estava associada, naturalmente, a figura do pastor, cuja tarefa não era tão tranquila como às vezes se imagina. Eram comuns, por exemplo, o ataque de animais selvagens, como os lobos, que costumavam atacar à noite ou quando o rebanho estava disperso, e até leões e ursos (1Samuel 17:34-35). Havia também a possibilidade de ele ter de enfrentar os ladrões de ovelhas, que podiam ser violentos. Além disso, o pastor ficava exposto a condições climáticas extremas, como calor intenso durante o dia e frio à noite, sem falar nas tempestades repentinas. E, quando uma ovelha se perdia, era responsabilidade dele recuperá-la ou provar aos donos que ela havia morrido. A busca por uma única ovelha perdida podia implicar exaustivas jornadas por caminhos perigosos no meio da noite. Desse modo, os ouvintes de Jesus ficaram sabendo do interesse do Supremo Pastor em resgatar os pecadores perdidos.

Outra parábola que demonstra sua atenção à vida diária de seus contemporâneos é a da dracma perdida (Lucas 15:8-10). Pode haver cena mais comum que uma mulher varrendo a casa? O Mestre, ao contar essa história, acrescenta um motivo a essa tarefa doméstica: a perda de uma moeda, que representava o salário de um dia de um trabalhador da Palestina e sem dúvida faria falta no orçamento doméstico. Não era difícil para seus ouvintes imaginar a alegria da mulher ao encontrá-la, assim como não deve ter sido difícil entender a ideia de que "há júbilo diante dos anjos de Deus por um pecador que se arrepende" (v. 10).

Em suas parábolas, Jesus fez muitas outras referências ao cotidiano de seus ouvintes, porém jamais tentou aliená-los daquilo que faz parte da existência humana. Embora Ele contasse essas histórias para ensinar verdades eternas, em nenhuma delas existe a sugestão de a busca pela espiritualidade nos isenta das responsabilidades, vivências e processos que constituem nossa vida na terra.

SERMÃO DO MONTE: QUESTÕES DE POBREZA E RIQUEZA

Jesus era o Mestre por excelência, e a essência de seus ensinos pode ser encontrada nos Sermão do Monte (Mateus 5—7), que contempla justamente a maneira de se viver neste mundo de acordo com os princípios da Palavra de Deus. Nesses três capítulos do primeiro evangelho, Jesus faz diversas referências a questões puramente humanas.

Em 6:2, por exemplo, Jesus adverte: "Quando, pois, deres esmola, não toques trombeta diante de ti, como fazem os hipócritas, nas sinagogas e nas ruas, para serem glorificados pelos homens". A esmola não é outra coisa senão uma ajuda material a um necessitado. Por que alguém preocupado apenas com o espiritual iria dar esse tipo de instrução?

Mais adiante, no mesmo capítulo, Ele ensina: "Não andeis ansiosos pela vossa vida, quanto ao que haveis de comer ou beber; nem pelo vosso corpo, quanto ao que haveis de vestir" (v. 25). À primeira vista, pode parecer que Jesus está orientando o povo a não dar muita importância a elementos essenciais à vida humana, como comer, beber e vestir. Mas a impressão logo se desfaz quando lemos em seguida: "Vosso Pai celeste sabe que necessitais de todas elas" (v. 32). A lição aqui é sobre confiar na providência de Deus. Ora, se Deus supre necessidades terrenas é porque elas são importantes para o bem-estar do ser humano.

O versículo 33 serve como um arremate a tudo que Jesus vem tentado ensinar: "Buscai, pois, em primeiro lugar, o seu reino e a sua justiça, e todas estas coisas vos serão acrescentadas". Por que Jesus fez questão de dizer que "estas coisas" (o que comer, beber e vestir) viriam naturalmente se o reino de Deus fosse buscado em primeiro lugar? Por que não buscar apenas o reino e esquecer o resto? Cristo estava estabelecendo prioridades, não alternativas.

Sua intenção era levar o povo a entender que a dedicação exagerada à busca de bens materiais poderia gerar ansiedade e levar a pessoa a perder de vista o mais importante. Buscar o reino de Deus em primeiro lugar não é uma distorção de propósitos: é a forma correta de se ter uma vida equilibrada. Na condição de humanos, vamos assumindo responsabilidades: estudamos, arranjamos emprego, constituímos família. Tudo isso faz parte do que Deus quer para nós.

O JESUS MÍSTICO

Jesus não apoia os que abandonam suas responsabilidades familiares e sociais em busca de uma suposta iluminação espiritual sem uma direção clara e inconfundível da parte de Deus. O texto bíblico é claro: "Se alguém não tem cuidado dos seus e especialmente dos da própria casa, tem negado a fé e é pior do que o descrente" (1 Timóteo 5:8). Vejamos esta outra instrução apostólica: "Se alguém não quer trabalhar, também não coma. Pois, de fato, estamos informados de que, entre vós, há pessoas que andam desordenadamente, não trabalhando [...]. A elas, porém, determinamos e exortamos, *no Senhor Jesus Cristo*, que, trabalhando tranquilamente, comam o seu próprio pão" (2 Tessalonicenses 3:10-12).

Jesus ensinou que devemos orar assim: "O pão nosso de cada dia dá-nos hoje" (Mateus 6:11). Mas esse pão não cai do céu, como o maná. Você terá comida na mesa se não omitir as responsabilidades que a vida lhe impõe. Você não encontra roupas prontas para sua família na natureza: elas precisam ser compradas. Tudo isso implica uma vida bem humana, responsável e equilibrada pela presença de Deus na vida.

Ele veio oferecer uma plena bem vivida na terra, porém ao mesmo tempo em contato com o céu. Por isso, é fácil perceber que, quando Ele diz: "Não acumuleis para vós outros tesouros sobre a terra, [...] mas ajuntai para vós outros tesouros no céu", não está propondo uma troca do terreno pelo espiritual. Mais uma vez, sua preocupação era que a busca ansiosa por riquezas terrenas levasse a pessoa e negligenciar o reino de Deus, como Ele explica em seguida: "Porque, onde está o teu tesouro, aí estará também o teu coração" (Mateus 6:19-21).

Jesus não tinha nada contra a propriedade. Um exemplo disso é quando ele contou a Parábola dos Talentos (Mateus 25:14-30), na qual elogia os servos que souberam administrar os bens que lhes foram confiados. Ele também frequentava o lar de amigos, como

Maria, Marta e Lázaro, que claramente possuíam uma casa. Se Jesus é nosso exemplo — e Ele é! —, as responsabilidades humanas que Ele reconheceu e respeitou não podem ser ignoradas por nós sob o pretexto da iluminação espiritual.

Na sequência do Sermão do Monte, Jesus faz outra declaração contundente: "Não podeis servir a Deus e às riquezas" (Mateus 6:24). Antes disso, Ele afirma que não podemos servir a dois senhores. A mensagem é clara: se nosso coração (v. 21) — ou seja, nossa prioridade — forem os bens materiais, seremos escravos delas. E Ele não está falando de riquezas acumuladas em grande volume, porque alguém pode não possuir muita coisa e ainda assim ser escravo de Mamom (nome próprio que em outras versões substitui a palavra "riquezas" nesse versículo e personifica o dinheiro ou as riquezas). É possível ser rico e ser generoso, assim como existem pobres escravizados pela cobiça. Como diz Salomão: "Uns se dizem ricos sem terem nada; outros se dizem pobres, sendo mui ricos" (Provérbios 13:7).

Há pessoas ricas que contribuem generosamente para a causa do evangelho e despendem grande parte de seus bens para ajudar os necessitados, enquanto existem pobres mesquinhos, que procuram ostentar o que não têm. E, claro, há ricos gananciosos, preocupados apenas em aumentar a própria fortuna, enquanto há pobres generosos, que repartem com o necessitado o pouco que possuem.

Para resumir, a generosidade e a ganância não dependem de o indivíduo ser rico ou pobre. E é aqui que entra a questão de buscar o reino de Deus em primeiro lugar. Se você se orienta pelos princípios do reino, não faz diferença se é milionário ou se recebe salário mínimo. O apóstolo Paulo orienta Timóteo a exortar os ricos a não serem orgulhosos e a que "pratiquem o bem, sejam ricos de boas obras, generosos em dar e prontos a repartir"

O JESUS MÍSTICO

(1Timóteo 6:17-18). João Batista aconselhava seus seguidores: "Quem tiver duas túnicas, reparta com quem não tem; e quem tiver comida, faça o mesmo" (Lucas 3:11). Naturalmente, ele estava se dirigindo a pessoas de poucas posses.

Em outro momento, Jesus une uma parábola a um ensinamento sobre a questão das posses pessoais:

> O campo de um homem rico produziu com abundância. E arrazoava consigo mesmo, dizendo: Que farei, pois não tenho onde recolher os meus frutos? E disse: Farei isto: destruirei os meus celeiros, reconstruí-los-ei maiores e aí recolherei todo o meu produto e todos os meus bens. Então, direi à minha alma: tens em depósito muitos bens para muitos anos; descansa, come, bebe e regala-te. Mas Deus lhe disse: Louco, esta noite te pedirão a tua alma; e o que tens preparado, para quem será? Assim é o que entesoura para si mesmo e não é rico para com Deus (Lucas 12:16-21).

Não só nos ensinos de Jesus, mas desde o Antigo Testamento e por todo o Novo Testamento há instruções para ricos e pobres. A Lei contém várias prescrições sobre o cuidado (da parte dos mais afortunados, evidentemente) para com os órfãos, as viúvas e os pobres em geral (Levítico 23:22; Deuteronômio 24:17 etc.). No Novo Testamento, várias outras passagens além das que já citamos, tanto nos evangelhos quanto nas epístolas, tratam da questão dos bens materiais.

Toda essa preocupação de Jesus em instruir ricos e pobres sobre generosidade e ganância vai na contramão das tendências místicas que alguns pretendem lhe atribuir. Se Ele ministrou ensinos, contou parábolas e deu conselhos sobre o assunto, é porque se trata de algo importante para a vida humana. Seus ensinamentos servem para evitar a tendência do ser humano para os extremos.

JESUS SEM FILTRO

Buscar o reino de Deus em primeiro lugar não é viver alheio à realidade deste mundo. Dar atenção às coisas terrenas não deve chegar ao ponto de nos tornarmos escravos dela. Tanto o misticismo quanto a escravidão ao dinheiro são extremos que Jesus nos ensina a evitar.

E Ele não se limitou a teoria nessa questão. Em seu ministério de curas e milagres, Ele demonstrou na prática o cuidado divino com relação às necessidades físicas do ser humano.

MINISTÉRIO DE CURAS E MILAGRES: A PROVA DEFINITIVA

Certa ocasião, um doutor da lei perguntou a Jesus: "Quem é o meu próximo?" (Lucas 10:29). Então o Mestre contou a parábola do bom samaritano, para ensinar que o próximo é aquele que precisa nós em alguma necessidade.

Sabemos que os místicos das muitas tradições religiosas ao redor do mundo tendem a castigar o corpo como parte de práticas ascéticas e espirituais com variados propósitos. Na Índia, alguns "homens santos", como um ato de devoção ou uma forma de rejeitar as necessidades corporais, mantêm um dos braços levantado durante anos, até que ele fique atrofiado. Outros se deitam em camas de pregos, para demonstrar seu controle sobre a dor, ou mantêm posturas corporais desconfortáveis por longos períodos como parte de sua disciplina espiritual. É óbvio que essas práticas não são indícios de uma espiritualidade saudável. Basta lembrar a advertência de Levítico 19:28: "Pelos mortos não ferireis a vossa carne; nem fareis marca nenhuma sobre vós" (cf. 1Reis 13:28).

Nosso corpo é o templo do Espírito Santo, e Deus quer que cuidemos dele. Uma prova definitiva é o episódio em que ocorreu o milagre da primeira multiplicação de pães (Marcos 6:30-44),

84

O JESUS MÍSTICO

que já mencionamos em outro capítulo. Na mesma passagem, Jesus demonstra duas vezes seu cuidado com as necessidades físicas de seus seguidores.

Pouco antes de a multidão se reunir em torno de Jesus, os discípulos voltaram cansados de uma jornada (a missão dos Doze, v. 7-13), e o Mestre disse: "Vinde repousar um pouco, à parte, num lugar deserto; porque eles não tinham tempo nem para comer, visto serem numerosos os que iam e vinham" (v. 31). A boa espiritualidade contempla o homem inteiro, o que inclui o corpo (1Tessalonicenses 5:23). E não vamos esquecer que Deus estabeleceu um dia descanso "por causa do homem" (Marcos 2:27).

No entanto, os discípulos não tiveram tempo para descansar, pois quando desembarcaram uma multidão enorme já os aguardava e ficou com eles o dia todo. Então, "declinando a tarde, vieram os discípulos a Jesus e lhe disseram: É deserto este lugar, e já avançada a hora; despede-os para que, passando pelos campos ao redor e pelas aldeias, comprem para si o que comer. Porém Ele lhes respondeu: Dai-lhes vós mesmos de comer" (Marcos 6:35-37). O final dessa história nós já sabemos: com cinco pães e dois peixes, Jesus alimentou uma multidão de cerca de 15 mil pessoas. E essa não foi a única vez que Ele alimentou milagrosamente uma multidão (cf. Mateus 15:32-39).

Em vez de sugerir o ascetismo ou mesmo a violação do corpo como forma de transcender as limitações físicas, alcançar um estado de purificação e fortalecer a disciplina mental e espiritual, Cristo e a Palavra de Deus sempre demonstraram preocupação com o bem-estar do corpo.

PAGAMENTO DE IMPOSTOS: CONSCIÊNCIA DE CIDADÃO

Outro exemplo de que Jesus não é o místico que alguns pintam é a questão dos tributos. Os místicos costumam se fechar em seu

JESUS SEM FILTRO

mundo e pouco ou nada se importam com a questão da cidadania. Algumas seitas comandadas por gurus espirituais até se rebelam contra o sistema e criam comunidades independentes. Mas Jesus não pensava assim. Na semana em que Jesus foi crucificado, alguns religiosos vieram interrogá-lo:

> Dize-nos, pois: que te parece? É lícito pagar tributo a César ou não? Jesus, porém, conhecendo-lhes a malícia, respondeu: Por que me experimentais, hipócritas? Mostrai-me a moeda do tributo. Trouxeram-lhe um denário. E Ele lhes perguntou: De quem é esta efígie e inscrição? Responderam: De César. Então, lhes disse: Dai, pois, a César o que é de César e a Deus o que é de Deus (Mateus 22:17-21).

"Dai, pois, a César o que é de César e a Deus o que é de Deus", uma das frases mais conhecidas de Jesus, mais uma vez mostra a questão de equilibrar a vida entre o reino de Deus e a existência terrena. Havia uma armadilha na pergunta dos religiosos, um grupo composto por discípulos dos fariseus e alguns herodianos, defensores da dominação romana na Palestina a serviço de Herodes, avessos a toda forma de subversão política. Se Jesus respondesse afirmativamente à pergunta, os herodianos até ficariam felizes, mas os fariseus usariam sua declaração para jogar a opinião pública contra Ele, pois as massas viam os romanos como opressores. Se a resposta fosse negativa, os fariseus até ficariam felizes, mas os herodianos se iriam acusá-lo de sedição. A resposta de Jesus deixou ambos os grupos sem ação.

Sob o domínio romano, o sistema de tributação na Palestina era bastante complexo e abrangente e alcançava diversas classes e profissões. Nessa época qualquer um que exercesse um ofício ou uma atividade econômica era obrigado a pagar impostos. Nessa

O JESUS MÍSTICO

atividade, Ele certamente pagava algum tipo de tributo sobre seus ganhos. Como bom cidadão e, acima de tudo, como Homem sem pecado, não podemos imaginá-lo sonegando impostos. Jesus cumpria suas obrigações de cidadão.

Havia na época também o imposto do Templo, destinado a cobrir os custos com sua manutenção. Todo judeu era obrigado a pagar esse tributo, no valor de duas dracmas. Certo dia, os responsáveis pela cobrança desse imposto interpelaram Pedro e perguntaram: "Não paga o vosso Mestre as duas dracmas?" (Mateus 17:24). Pedro respondeu que sim.

Quando o discípulo se reuniu com Jesus, o Mestre perguntou: "Simão, que te parece? De quem cobram os reis da terra impostos ou tributo: dos seus filhos ou dos estranhos? Respondendo Pedro: Dos estranhos, Jesus lhe disse: Logo, estão isentos os filhos" (v. 25-26). Os reis terrenos não cobram impostos da própria família, e com isso Ele queria dizer que nós, como filhos de Deus, agora somos o templo dele, de modo que o Templo judaico se tornou obsoleto. Além do mais, Jesus era Filho de Deus e por isso não precisava pagar impostos.

No entanto, para não criar problemas e evitar discussões inúteis, Jesus ordenou a Pedro: "Vai ao mar, lança o anzol, e o primeiro peixe que fisgar, tira-o; e, abrindo-lhe a boca, acharás um estáter [de valor equivalente a quatro dracmas]. Toma-o e entrega-lhes por mim e por ti".

Esse episódio revela a sabedoria de Jesus ao lidar com questões práticas e de cidadania sem perder de vista o plano espiritual maior. Mesmo tendo o direito de isenção, Ele preferiu não causar conflito ou dar margem a interpretações errôneas. Sua atitude demonstra que, embora fosse o Filho de Deus, estava comprometido com as normas e obrigações terrenas, sempre que isso não interferisse em sua missão divina. Assim, Jesus nos ensina a sermos

JESUS SEM FILTRO

cidadãos conscientes e responsáveis, mas sempre com a mente e o coração voltados para a eternidade.

No entanto, embora Jesus tivesse plena consciência da sua conexão com o Pai, sua missão nunca se limitou à busca de um estado de iluminação espiritual. Ele constantemente desafiava seus seguidores a olharem para o mundo ao seu redor e a agirem de forma concreta. A espiritualidade de Jesus era prática, voltada para as necessidades diárias das pessoas, e não apenas para experiências místicas e transcendentais. Ele mostrava que a verdadeira conexão com Deus é refletida em atos de amor, compaixão e justiça, não apenas em momentos de contemplação ou meditação.

Essa postura de Jesus nos desafia a reavaliar como entendemos o equilíbrio entre espiritualidade e ação. Para Ele, a experiência de um relacionamento pessoal com o Pai deveria ser o impulso para transformar o mundo ao nosso redor. Os milagres que Jesus realizou, as parábolas que ensinou e as vidas que tocou demonstram que sua mensagem envolvia tanto o corpo quanto o espírito, tanto a alma quanto as necessidades físicas. Em vez de um mestre desconectado da realidade terrena, Jesus se mostrou profundamente engajado com as questões práticas da vida humana.

TODOS ESSES ENSINOS E AÇÕES DE JESUS MOSTRAM QUE ELE, EMBORA TENHA TRANSMITIDO ENSINAMENTOS PROFUNDOS SOBRE ESPIRITUALIDADE E CONEXÃO COM O PAI, REDUZI-LO A UM MESTRE ESOTÉRICO OU MERAMENTE CONTEMPLATIVO OBSCURECE SUA MENSAGEM ACESSÍVEL, UNIVERSAL E PRÁTICA DE AMOR E REDENÇÃO. NA CONDIÇÃO DE MESSIAS E FILHO DE DEUS, ELE VEIO APREGOAR UMA ESPIRITUALIDADE SAUDÁVEL, QUE DÁ PRIORIDADE AO REINO DE DEUS, MAS SEM ESQUECER QUE SOMOS HUMANOS E TEMOS NOSSAS NECESSIDADES.

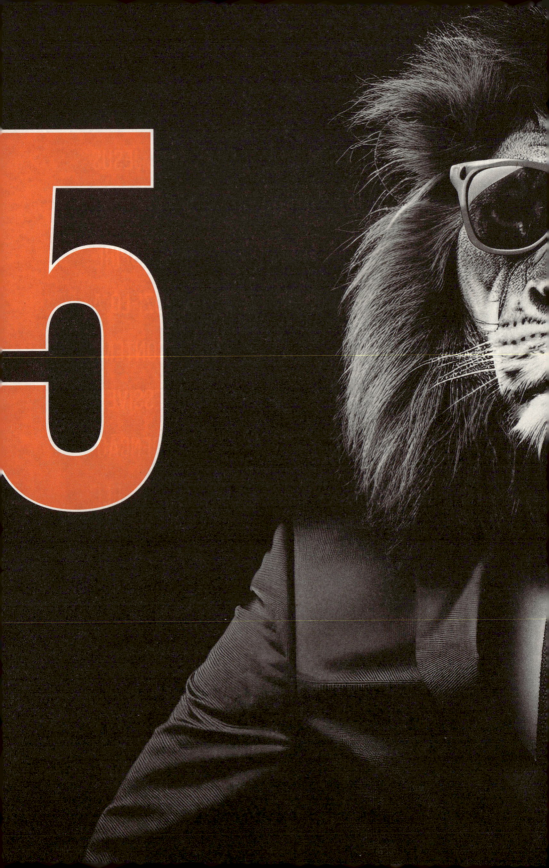

O JESUS DESTRUIDOR DE IGREJAS E DA RELIGIÃO

DESTRUIDOR DE IGREJAS E DA RELIGIÃO

OUTRA IDEIA RECORRENTE ACERCA DE JESUS é que Ele era avesso à religião e jamais pregou a necessidade de uma igreja. Os que raciocinam dessa forma estão convencidos de que Ele era favorável a um culto subjetivo e contrário a qualquer entidade religiosa identificável. As denominações cristãs, portanto, não teriam a aprovação dele. Instituições como as Assembleias de Deus, a Igreja Batista, a Igreja Presbiteriana, a Igreja do Evangelho Quadrangular ou mesmo essas igrejas mais independentes, que não pertencem a nenhuma tradição e proliferam nos dias de hoje, seriam consideradas corpos estranhos no seio da cristandade. O CNPJ? Quase uma afronta ao Deus vivo!

O argumento mais comum é: "Onde tem isso na Bíblia? Onde está escrito que Jesus mandou criar essas denominações ou que a igreja dele precisa de CNPJ?". A resposta a essas objeções é que nem tudo está explícito nas Escrituras. A palavra "Trindade", por exemplo, não é encontrada na Bíblia, porém é uma das doutrinas mais bem defendidas pelo povo de Deus. Outros elementos evoluem naturalmente com o passar do tempo. A igreja dos tempos apostólicos cantava louvores quando reunida, e hoje temos os corais organizados em naipes e regidos por um maestro. Mais recentemente, surgiam os grupos de louvor. Os primeiros crentes reuniam-se em casas, mas depois começaram a surgir os templos. E assim por diante.

A verdade é que Jesus instituiu a igreja, sim, tanto que deu autoridade a ela. Também escolheu homens para liderá-la e ordenou aos seus seguidores que adotassem a prática de se congregar, o que hoje se dá principalmente nos templos. Neste capítulo, vamos provar que Jesus não era um destruidor de igrejas nem da religião. Estas são as provas:

JESUS INSTITUIU A IGREJA E DEU AUTORIDADE A ELA

Mateus 16 e Mateus 18 são os dois únicos capítulos dos evangelhos em que a palavra "igreja" é mencionada, e em ambos os casos por Jesus. Essas duas breves menções, porém, deixam claro que Ele não só instituiu a igreja, como também lhe concedeu autoridade.

Em Mateus 16:18, Jesus declara: "Edificarei a minha igreja, e as portas do inferno não prevalecerão contra ela". Jesus não veio apenas salvar os pecadores por meio de seu sacrifício na cruz, mas também providenciou um lugar para que seu povo remido pudesse se reunir. A promessa de que as portas do inferno não prevalecerão contra ela mostra a intenção de usar seu poder para preservá-la. E, com o propósito de garantir uma convivência saudável, Ele até estabeleceu regras para tratar com os faltosos:

> Se teu irmão pecar [contra ti], vai argui-lo entre ti e ele só. Se ele te ouvir, ganhaste a teu irmão. Se, porém, não te ouvir, toma ainda contigo uma ou duas pessoas, para que, pelo depoimento de duas ou três testemunhas, toda palavra se estabeleça. E, se ele não os atender, dize-o à igreja; e, se recusar ouvir também a igreja, considera-o como gentio e publicano. Em verdade vos digo que

O JESUS DESTRUIDOR DE IGREJAS E DA RELIGIÃO

> tudo o que ligardes na terra terá sido ligado nos céus, e tudo o que desligardes na terra terá sido desligado nos céus. Em verdade também vos digo que, se dois dentre vós, sobre a terra, concordarem a respeito de qualquer coisa que, porventura, pedirem, ser-lhes-á concedida por meu Pai, que está nos céus. Porque, onde estiverem dois ou três reunidos em meu nome, ali estou no meio deles (Mateus 18:15-20).

Os versículos 18 e 19 às vezes são utilizados para apoiar a ideia de que qualquer acordo firmado por dois crentes na terra terá o aval do céu. Isso vale para um projeto, para um carro novo ou para consolidar qualquer intenção. Mas não é assim. O ligar e desligar a que Jesus se refere diz respeito à comunhão. O Mestre está ensinando que os laços fortes que unem os crentes podem ser rompidos se alguém insistir em prejudicar a integridade do Corpo. É como cortar a vara improdutiva da videira (João 15).

O texto mostra que a igreja recebeu de Jesus autoridade não só para corrigir, como também para excluir alguém de seu meio, caso alguma pendência não possa ser resolvida. Mas basta a presença de duas ou três testemunhas para que o acordo estabelecido na terra seja confirmado no céu. Se o problema com o irmão faltoso for resolvido sem a necessidade de levar o caso ao conhecimento da igreja, o céu legitimará a decisão. Isso é autoridade. É o poder da comunhão. Trata-se de uma medida para a saúde da igreja. Não é licença para interesses mesquinhos pôr em prática.

A mesma ideia está implícita na declaração de Jesus aos seus discípulos após a ressurreição, quando "soprou sobre eles e disse-lhes: Recebei o Espírito Santo. Se de alguns perdoardes os pecados, são-lhes perdoados; se lhos retiverdes, são retidos" (João 20:22-23). E, mais uma vez, há uma interpretação equivocada sobre a ideia de reter ou não o perdão dos pecados.

JESUS SEM FILTRO

Por exemplo, Igreja Católica Romana ensina que Jesus concedeu aos apóstolos e aos seus sucessores, os bispos — e, por extensão, os sacerdotes — a autoridade de perdoar pecados em seu nome. O romanismo entende que Cristo concedeu à igreja o poder de administrar (ou não) o perdão dos pecados aos fiéis. O *Catecismo* da Igreja Católica afirma que "o sacramento da Penitência é constituído pelo conjunto de três atos realizados pelo penitente e pela *absolvição do sacerdote*. Os atos do penitente são: o arrependimento, a confissão ou manifestação dos pecados ao sacerdote e o propósito de cumprir a reparação e as obras de reparação". O sacramento da confissão envolve o arrependimento do fiel, a confissão dos pecados a um sacerdote, a absolvição por esse sacerdote "em nome de Cristo", geralmente condicionado a uma penitência a ser paga pelo infrator.

Por mais honesto e piedoso que seja o confessor, dar a um ser humano o poder de absolver os pecados de um penitente ou de lhe negar o perdão é no mínimo um ato temerário, pois mesmo uma pessoa bem-intencionada pode se enganar em seu julgamento. E não é o que Jesus está dizendo aqui. Não existe nos mandamentos de Jesus a ideia de que é o homem quem perdoa pecados. A autoridade que a igreja tem para "ligar e desligar" refere-se ao convívio dos crentes na congregação. O perdão do pecado humano é prerrogativa exclusiva de Deus.

Idauro Campos, em seu livro *Desigrejados: teoria, história e contradições do niilismo eclesiástico*, comenta:

> As marcas da institucionalização da igreja, ainda que muito embrionárias, podem ser observadas mesmo nos tempos da Igreja Primitiva, pois os apóstolos se reuniam com regularidade; frequentavam o templo; batizavam os conversos; celebravam diariamente a ceia, segundo um modelo fixo; participavam de orações

regulares. Quando a primeira crise de relacionamento surge no seio da igreja em Jerusalém (At 6.1-7), ações institucionais são tomadas a fim de equacionar o problema. Embora institucional, a medida de escolher homens com determinadas qualificações foi promovida, acreditando-se na direção e aprovação do Espírito Santo, uma evidência de que não havia uma dicotomia entre o que era institucional e espiritual ou carismático. Organização e carisma não são realidades e experiências antagônicas. O ponto, portanto, a ser considerado é o de que a institucionalização da igreja nunca foi em si o problema da Igreja de Jesus Cristo, pois, desde muito cedo, traços institucionais apareceram em seu contexto, o que não inviabilizou a sua missão.

A despeito dos equívocos, antigos e atuais, nada muda o fato de que a igreja é uma instituição detentora de autoridade, a qual lhe foi conferida por ninguém menos que o Rei dos reis e Senhor dos senhores. Embora certas ideias e práticas em torno do assunto possam ser questionadas, o fato de a igreja ser uma entidade constituída é indiscutível. E isso nos leva à questão seguinte: se a igreja é, por definição, uma comunidade, uma comunhão, um agrupamento, grupo de indivíduos unidos pela mesma profissão, qual o sentido de não congregar, se todos esses conceitos presumem o ajuntamento de pessoas?

CONGREGAR É PRECISO

O recente fenômeno dos desigrejados pôs em evidência a teoria de que as estruturas religiosas surgidas no meio da cristandade ao longo dos séculos são desnecessárias. Os argumentos mais comuns são: "Eu sou a igreja"; "Tenho ligação direta com Deus, então não preciso de nenhum auxílio extra no que diz respeito à minha espiritualidade e minha vida com Deus"; "Eu sou o templo do Espírito Santo. Não preciso de outro". Aliás, o fato de não se terem construído templos cristãos até o século IV e de Jesus e os apóstolos nunca os terem mencionado levam os críticos dessa instituição a reforçar a ideia de que Ele não veio para ser adorado ou para ser buscado em templos feitos por mãos humanas. Deduzem assim que a vontade de Jesus não era nos confinar a quatro paredes. Em vez disso, Ele ordenou que fôssemos por todo o mundo e pregássemos o evangelho a toda criatura.

Algumas alegações chegam a ser simplórias. Por exemplo, a orientação de Jesus em Mateus 6:6: "Quando orares, entra no teu quarto e, fechada a porta, orarás a teu Pai, que está em secreto; e teu Pai, que vê em secreto, te recompensará". A interpretação óbvia é que Jesus aqui não está descartando a vida em comunidade com essa instrução. Nessa parte do Sermão do Monte, o Mestre está se referindo à devoção pessoal. Não se trata de nenhuma prática relacionada com o culto coletivo ou com alguma ação conjunta da igreja local.

O ato de congregar é um mandamento explícito nas Escrituras, e um texto clássico é Hebreus 10:25: "Não deixemos de congregar-nos, como é costume de alguns; antes, façamos admoestações e tanto mais quanto vedes que o Dia se aproxima". Sentar-se à mesa com os irmãos, estar no mesmo lugar que eles e sair de casa para a reunião no templo: isso é congregar de acordo com a Bíblia. Há no Novo Testamento vários registros do hábito de congregar praticado pela igreja primitiva.

Em Atos

Depois do Pentecostes, os discípulos de Jesus costumavam se encontrar nas dependências do Templo, em Jerusalém, em pelo menos um local identificado: o Pórtico de Salomão (Atos 2:46; 5:12).

O JESUS DESTRUIDOR DE IGREJAS E DA RELIGIÃO

Essas reuniões ainda seguiam os horários de oração da religião judaica (cf. Atos 3:1), mas eram também oportunidades para pregar o evangelho ao povo. Milhares de pessoas se converteram como resultado dessas pregações (Atos 4:4). E a pergunta óbvia é: como os novos convertidos iriam receber instrução e apoio sem se reunir em torno dos apóstolos ou, mais tarde, sob a tutela de líderes maduros? Eles precisavam se reunir!

O historiador Lucas descreve essa rotina dos irmãos:

> Perseveravam na doutrina dos apóstolos e na comunhão, no partir do pão e nas orações. Em cada alma havia temor; e muitos prodígios e sinais eram feitos por intermédio dos apóstolos. Todos os que creram estavam juntos e tinham tudo em comum. Vendiam as suas propriedades e bens, distribuindo o produto entre todos, à medida que alguém tinha necessidade. Diariamente perseveravam unânimes no templo, partiam pão de casa em casa e tomavam as suas refeições com alegria e singeleza de coração, louvando a Deus e contando com a simpatia de todo o povo. Enquanto isso, acrescentava-lhes o Senhor, dia a dia, os que iam sendo salvos (Atos 2:42-47).

Essa era a base da convivência de toda a igreja de Jerusalém. O desejo de estarem juntos era tal que as reuniões eram diárias, no Templo e nas casas.

Depois que Pedro foi preso por ordem de Herodes e estava prestes a ser executado, alguns irmãos se reuniram na casa de Maria, mãe de João Marcos, a fim de orarem pela sua libertação (Atos 12:12). Foi até engraçado o espanto deles quando o apóstolo bateu à porta!

Paulo certa vez convocou os presbíteros da igreja em Éfeso para se reunirem com ele em Mileto, durante sua terceira viagem

99

missionária, com o propósito de instruí-los sobre como liderar o povo de Deus: "Atendei por vós e por todo o rebanho sobre o qual o Espírito Santo vos constituiu bispos, para pastoreardes a igreja de Deus, a qual Ele comprou com o seu próprio sangue" (Atos 20:17,28).

É impossível, no livro de Atos, separar igreja de congregação. O povo crente estava o tempo todo se reunindo, porque é isso que a igreja deve fazer.

NAS EPÍSTOLAS

Já falamos sobre Hebreus 10:25, mas encontramos nas epístolas várias outras referências ao que demonstram sem sombra de dúvida a necessidade de congregar.

Em 1Coríntios 6:1-11, Paulo instrui os crentes de Corinto a resolverem eles mesmos suas pendências internas, sem a necessidade de um irmão levar o outro a um tribunal pagão. Essa orientação só faz sentido para quem tem o hábito de congregar. Percebe-se também os fortes vínculos que eram esperados entre aqueles que costumavam se reunir como igreja. Na mesma epístola, Paulo descreve o culto cristão: "Quando vos reunis, um tem salmo, outro, doutrina, este traz revelação, aquele, outra língua, e ainda outro, interpretação. Seja tudo feito para edificação" (14:26). Aliás, todo o capítulo 14 trata da maneira correta de lidar com os dons no ambiente da congregação, dos irmãos reunidos. "Um", "este", "aquele" e "ainda outro" são pessoas exercendo o hábito de congregar.

Aos crentes de Éfeso, Paulo aconselha que se comuniquem entre si "com salmos, entoando e louvando de coração ao Senhor com hinos e cânticos espirituais". Isso seria impossível se o povo não se congregasse. A recomendação de que se sujeitassem uns aos outros também não seria possível sem algum tipo de convívio (Efésios 5:18-21).

Colossenses 3:12-17 contém orientações semelhantes, e nelas o apóstolo destaca "o amor, que é o vínculo da perfeição" (v. 14) como a principal virtude a ser praticada entre a comunidade de irmãos.

Só seria possível obedecer a todas essas recomendações apostólicas se a convivência entre irmãos fosse praticada, o que era o caso. E a igreja que temos hoje é um lugar que atende a todos esses requisitos.

EM APOCALIPSE

As famosas cartas às sete igrejas da Ásia (Apocalipse 2 e 3), cujo remetente era o próprio Jesus, embora endereçadas "ao anjo da igreja" refletem um ambiente de coletividade, no qual virtudes e defeitos se destacam.

A igreja de Éfeso, por exemplo, tinha uma boa doutrina, porém havia abandonado o "primeiro amor" — o primeiro mandamento. Não estava mais amando a Deus acima de todas as coisas e precisava se arrepender e praticar as "primeiras obras" (2:1-7).

Esmirna era pobre aqui na terra, porém rica no céu. Sofria muita perseguição, porém foi incentivada a ser "fiel até à morte", sob a promessa de que conquistaria "a coroa da vida" (2:8-11).

A igreja de Pérgamo não negava Jesus diante da perseguição, no entanto estava acolhendo heresias, como as de Balaão e a dos nicolaítas, que incentivavam as práticas pagãs (2:12-17).

Tiatira havia crescido na fé, no amor, no serviço, mas cometera o grave erro de acolher uma mulher que se dizia profetisa, chamada Jezabel, que estava espalhando ensinamentos perniciosos e levando alguns a se desviar. Era uma pessoa que precisava ser excluída da comunidade (2:18-29).

A igreja de Sardes recebeu a notícia de que parecia viva, mas estava morta, embora houvesse entre eles pessoas "que não contaminaram as suas vestiduras" (3:1-6).

Filadélfia recebeu muitos elogios de Jesus, pois, apesar de ser uma igreja fraca, amava a Palavra e não negava o nome do Senhor (3:7-13).

A igreja de Laodiceia é a única que só recebe críticas (e com palavras fortes: "infeliz, sim, miserável, pobre, cego e nu"!), seguidas de um chamado ao arrependimento (3:14-22).

Todos esses elogios, críticas e recomendações, apesar de dirigidos a um destinatário individual, têm relação direta com o coletivo, o grupo, a igreja que se reunia em algum lugar. Ou seja, o Senhor Jesus está falando a congregações. Pelo que se vê no Novo Testamento, é impossível dissociar a igreja do ato de congregar.

NÃO HÁ IGREJA SEM LIDERANÇA

Já vimos que igreja é coletividade, e todo grupo precisa de alguém com autoridade e capacidade para liderar essas pessoas. Nenhum grupo sobrevive sem liderança. Até os animais que andam em bandos têm seu líder. Contudo, dentre os que apregoam o fim das instituições religiosas alguns se recusam a congregar porque não querem se sujeitar à autoridade de homem algum.

Em defesa dessa postura, usam as palavras do próprio Jesus: "A ninguém sobre a terra chameis vosso pai; porque só um é vosso Pai, aquele que está nos céus. Nem sereis chamados guias, porque um só é vosso Guia, o Cristo" (Mateus 23:9-10). No entendimento deles, se não é para chamar ninguém de "pai", a conclusão óbvia é que a figura do líder religioso não estava nos planos de Jesus quando Ele instituiu a igreja — ou, como interpretam, quando Ele destruiu as instituições religiosas. Não há razão para seguir homens nem para repassar o que eles ensinam. Basta cada um ler a Bíblia e aplicá-la à sua realidade individual. Ledo engano.

O que Jesus está dizendo nessa passagem é que nenhum líder espiritual pode ocupar o lugar de Deus como Pai ou dele próprio como Guia, porque, líder ou não, todos os que pertencem a igreja estão submissos a Ele. O Mestre estava se dirigindo aos líderes religiosos da época, especialmente aos fariseus, que gostavam de receber a admiração do povo por sua suposta piedade — que era apenas exibição orgulhosa — e pela pretensão de uma autoridade inquestionável. Essa atenção que estavam chamando para si resultava em que eles não estavam dando a glória devida a Deus, o verdadeiro Pai.

E a prova cabal de que Jesus nunca pensou em extinguir as lideranças religiosas, foi que Ele mesmo instituiu líderes para sua igreja. De acordo com Paulo, "Ele mesmo concedeu uns para apóstolos, outros para profetas, outros para evangelistas e outros para pastores e mestres, com vistas ao aperfeiçoamento dos santos para o desempenho do seu serviço, para a edificação do corpo de Cristo" (Efésios 4:11-12). Apóstolos, profetas, evangelistas, pastores e mestres representam, todos eles, funções de liderança, em maior ou menor escala. E, caso ainda haja dúvidas, eles foram designados "para a edificação do corpo de Cristo". Está tudo aqui: liderança e igreja (congregação) sob a bênção e a autoridade de Jesus. Se Jesus baniu a liderança espiritual, teria sido um contrassenso escolher esses líderes.

O Novo Testamento contém instruções a esses líderes sobre como lidar com o rebanho de Deus. O apóstolo Pedro, por exemplo, recomenda aos presbíteros, que exerciam a função pastoral:

Pastoreai o rebanho de Deus que há entre vós, não por constrangimento, mas espontaneamente, como Deus quer; nem por sórdida ganância, mas de boa vontade; nem como dominadores dos que vos foram confiados, antes, tornando-vos modelos do rebanho (1Pedro 5:2-3; cf. Atos 20:28).

As ovelhas do rebanho de Deus foram confiadas a esses homens, que tinham a incumbência de zelar por elas com amor, não como patrões ou ditadores. Como retribuição a esse pastoreio saudável e fiel, as ovelhas deveriam se submeter à liderança deles (Hebreus 13:17; 1Tessalonicenses 5:12). A questão é que muitos líderes, especialmente nos dias de hoje, esqueceram sua parte na responsabilidade e exigem apenas obediência do povo, sem a contrapartida de exercerem seu ofício com responsabilidade e fidelidade, às vezes apelando para a intimidação ou para a falácia dos intocáveis "ungidos do Senhor". No entanto, os "cães" e os "maus obreiros" (Filipenses 3:2), que existem desde sempre, não anulam a realidade e a necessidade dos ministérios de liderança.

A igreja é um Corpo, em que todos os membros são interdependentes, de modo que líderes e liderados formam um todo coeso. Os dons que Jesus concedeu à igreja, independentemente da posição que a pessoa ocupa na congregação, foram estabelecidos para a edificação de todos os que fazem parte da igreja (cf. Romanos 12; 1Coríntios 12). É como diz a canção:

Eu preciso de você, você precisa de mim.
Nós precisamos de Cristo até o fim.

DECEPÇÃO COM A IGREJA

Nos últimos anos, o movimento ou fenômeno dos desigrejados alcançou proporções nunca vistas. Calcula-se que só no Brasil o número dos "sem-igreja" chegue à casa dos 10 milhões. E, ao que parece, grande parte deles afastou-se da instituição não por crença pessoal ou por convicções teológicas, mas por causa dos desmandos, da desonestidade e do mau comportamento de alguns líderes — na verdade, de muitos deles. Todos os dias, há notícias de pastores e outros líderes religiosos acusados de enriquecimento à custa do dízimo e das ofertas dos irmãos pobres, adultério, estupro e até assassinato. E quase sempre essas acusações são verdadeiras. Diante disso, parece até aceitável que aqueles membros mais esclarecidos da igreja e zelosos do nome do evangelho não queiram permanecer em um ambiente no qual o nome de Deus esteja sendo enlameado pela corrupção.

O problema, como já dissemos, é que não existe igreja sem congregação e que Cristo instituiu a igreja dessa forma, bem como designou uma liderança para conduzir o rebanho. É certo que existe hoje muita coisa errada na igreja, e em níveis preocupantes. No entanto, vamos lembrar que nem tudo está errado na igreja, que nem todos os líderes são corruptos ou vivem uma vida dupla e, finalmente, que isso não justifica o abandono da congregação. Há muito ministérios corrompidos ou fajutos, é verdade, mas nem todos. Há muitos pastores que não merecem o título, mas nem todos. E, o mais importante: não podemos ignorar a ordem de Jesus e das Escrituras: o crente precisa congregar, viver em comunidade.

Vamos reforçar aqui o argumento deste capítulo: Jesus não veio destruir as estruturas religiosas. Ele não veio criar uma instituição informal. Em vez disso, deixou regras claras da vida em comunidade e designou líderes para conduzir seu povo no caminho que Ele traçou para seus seguidores.

A igreja do Senhor Jesus Cristo não está firmada em pensamentos, doutrinas ou comportamentos humanos, mas nele próprio, que é a Pedra sobre a qual a igreja está edificada. Nossa casa espiritual está edificada sobre algo que Jesus estabeleceu. Desse modo, os falsos líderes e os equívocos organizacionais não podem nos tirar a esperança que depositamos na vida comunitária como Corpo de Cristo.

Temos de levar em conta também que os tempos aos outros e que dá para reconstruir a igreja nos moldes do Novo Testamento. Como bem expressa Idauro Campos, na obra já mencionada:

> É [...] desnecessária uma volta romântica e irreal aos tempos da Igreja Primitiva para fazer valer o cristianismo. A força do cristianismo repousa no Espírito Santo e no testemunho das Escrituras Sagradas e não em um testemunho específico de como ser igreja registrado e preso no passado. Cada geração possui sua responsabilidade histórica. Os cristãos do primeiro século cumpriram a sua, cabe a atual também fazê-lo, buscando o poder do Espírito Santo, o saber das Escrituras e da teologia cristã, valorizando a rica História da Igreja, honrando seu legado, corrigindo rotas e reconhecendo seus erros reais. Mas, só os reais.

A igreja tem uma história e você faz parte dela. Cristo a instituiu, com todas as características que apresentamos aqui. Ele não veio destruir nada. Ele veio edificar sua igreja, com crentes reunidos e uma liderança responsável pela saúde do rebanho.

Embora seja necessário criticar e corrigir os erros que surgem dentro da igreja, é igualmente fundamental lembrar que a igreja não é apenas uma instituição humana sujeita a falhas. Ela é também uma manifestação do Corpo de Cristo na Terra, formada por pessoas que, apesar de suas imperfeições, buscam viver em conformidade com os ensinamentos de Jesus. A solução para os problemas da igreja não é o abandono, mas a renovação, baseada

O JESUS DESTRUIDOR DE IGREJAS E DA RELIGIÃO

no retorno aos princípios bíblicos e na busca contínua pelo poder transformador do Espírito Santo.

É essencial entender que, embora Jesus desafiasse as autoridades religiosas de sua época, Ele nunca propôs a destruição da religião em si, mas sim a purificação dela. Ele buscava resgatar a essência da fé, afastando-a do legalismo e da hipocrisia que a corroíam. Jesus sempre valorizou a verdadeira adoração e a comunhão dos crentes, e seu foco era restaurar uma relação genuína entre Deus e os homens, livre de barreiras institucionais que deturpavam essa conexão.

Dessa forma, sua crítica às práticas religiosas não era um chamado ao abandono da comunidade de fé, mas sim uma correção de rumo. Jesus veio para que a igreja, como comunidade de adoradores, refletisse verdadeiramente o caráter de Deus, promovendo uma espiritualidade que fosse ao mesmo tempo autêntica e transformadora. Ele nos ensinou que a verdadeira adoração acontece tanto no templo quanto nas ações do dia a dia, quando vivemos de acordo com os princípios divinos.

JESUS DESAFIOU AS ESTRUTURAS RELIGIOSAS DE SEU TEMPO, É VERDADE. ELE NÃO VEIO APENAS PARA REFORÇAR TRADIÇÕES OU FORTALECER INSTITUIÇÕES, MAS PARA TRANSFORMAR CORAÇÕES E MENTES. SUA MENSAGEM CONFRONTAVA O LEGALISMO E A HIPOCRISIA, CHAMANDO AS PESSOAS A UMA FÉ GENUÍNA E A UMA RELAÇÃO ÍNTIMA COM DEUS. MAS, COMO JUDEU, ELE SEGUIU AS REGRAS DE SUA RELIGIÃO, EMBORA DESAPROVASSE OS ABUSOS E O USO INDEVIDO DA LEI.

ELE DESAFIOU AS ESTRUTURAS QUE COLOCA-VAM O DOGMA ACIMA DO AMOR, A HIERARQUIA ACIMA DA IGUALDADE E O RITUALISMO ACIMA DA COMPAIXÃO. ELE TAMBÉM NOS LEMBRA QUE A VERDADEIRA ADORAÇÃO NÃO ESTÁ CONFINADA A TEMPLOS FEITOS POR MÃOS HUMANAS, MAS É ENCONTRADA NA SINCERIDADE DO CORAÇÃO E NA BUSCA PELA JUSTIÇA EM NOSSO MUNDO. CONTU-DO, ISSO NÃO SIGNIFICA QUE ELE FOSSE CONTRA A "IGREJA", POIS A IGREJA É DELE!

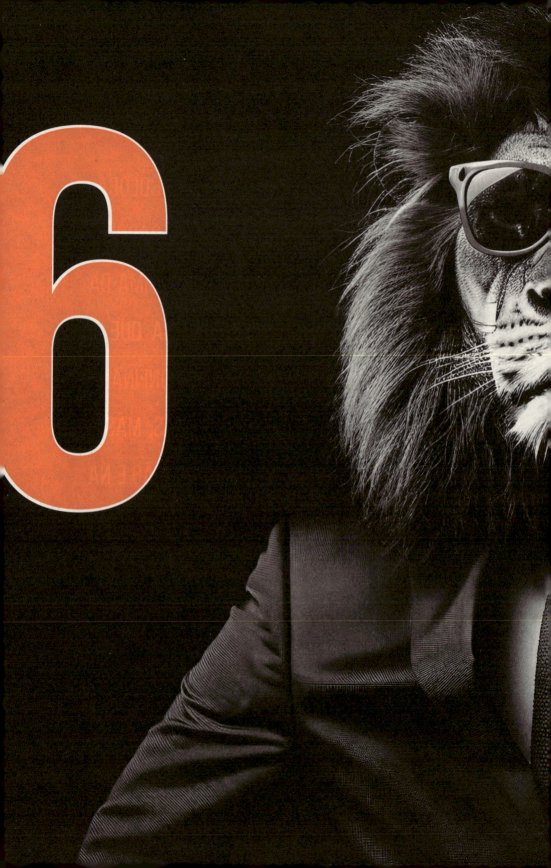

O JESUS
FEMINISTA

NA VISÃO FEMINISTA, Jesus era um ardoroso defensor dos direitos das mulheres, alguém que irrompeu no cenário da Palestina do primeiro século disposto a demolir as estruturas sociais da época e promover a igualdade de gênero. Em um tempo em que as mulheres não tinham acesso à educação formal da mesma forma que os homens, o Rabi tinha suas discípulas! Para escândalo daquela sociedade machista, Ele destronou o patriarcado judaico de Abraão, Isaque e Jacó e, com isso, pôs a mulher em um novo patamar e deu a ela um lugar na história, até então escrita unicamente pelos homens.

A presença de mulheres em sua genealogia, sua maneira de lidar com as "pecadoras", a menção delas nas parábolas, a atenção que lhes dava no exercício de seu ministério e até mesmo a inclusão de algumas delas em seu ministério, talvez à frente de muitos homens, são provas inequívocas de que o Messias ergueu bem alto a bandeira do feminismo, dizem essas militantes. Mas estariam corretas em suas conclusões?

O fato é que, apesar de o feminismo apregoar a busca da igualdade de direitos e oportunidades entre homens e mulheres em todas as esferas da vida, como o trabalho, a política, a educação e o ambiente doméstico, na prática as militantes feministas não desejam a igualdade, mas a superioridade. O feminismo não quer o homem e a mulher no mesmo nível. Como em uma espécie de vingança contra o machismo, milita por alcançar uma posição superior e privilegiada, com relação aos homens. É simples inversão de poder, com o que Jesus jamais concordaria. Ele definitivamente não era feminista (nem machista, como veremos no próximo capítulo).

Naturalmente, não se poder negar o tratamento diferenciado que Jesus dava às mulheres, em comparação com a cultura machista dos judeus de sua época. Também seria correto afirmar que Ele rompeu com alguns preconceitos de que as mulheres eram vítimas. Contudo, tentar transformá-lo em um militante da causa feminista é, na melhor das hipóteses, incorrer no erro do anacronismo — no primeiro século, não havia esse movimento, nem foi a intenção de Jesus lançar suas bases. O maior erro, porém, é atribuir a Jesus algo que Ele não fez, ainda mais quando se leva em conta as intenções desse movimento. E, para não deixar dúvidas, vamos analisar a atitude de Jesus com relação às mulheres que cruzaram seu caminho.

JESUS E AS "PECADORAS"

Pelo menos três mulheres de moral duvidosa conquistaram a atenção de Jesus nos evangelhos: a samaritana, com quem manteve um diálogo junto ao poço de Jacó; a adúltera, levada à presença dele para que a julgasse; a mulher que lhe ungiu os pés durante um banquete.

A SAMARITANA

Todos conhecem a história do diálogo entre Jesus e a samaritana. Ela não gozava de boa reputação em sua cidade. Alguns comentaristas acreditam que ela foi buscar água na hora mais quente

O JESUS FEMINISTA

do dia, a "hora sexta", ou seja, ao meio-dia, para não se encontrar com as outras mulheres da cidade, que poderiam hostilizá-la. Os homens com certeza também não queriam se vistos conversando com ela. Aliás, os rabinos ensinavam que nenhum homem deveria conversar com uma mulher na rua, nem mesmo com a própria esposa.

Os mestres judeus reprovariam severamente o diálogo entre Jesus e a samaritana, porque diziam: "O homem que prolonga a conversa com uma mulher faz mal a si mesmo, deixa de cumprir a Lei e por fim herda o Geena". Era um comportamento inaceitável para eles. Contudo, Jesus não estava nem um pouco preocupado com o que pensavam os rabinos nem com o machismo da época. Tampouco com os próprios discípulos, que haviam ido à cidade próxima comprar alimentos e ao regressar "se admiraram de que estivesse falando com uma mulher; todavia, nenhum lhe disse: Que perguntas? Ou: Por que falas com ela?" (João 4:27).

A reação de espanto dos discípulos foi normal, mas o fato de eles não o questionarem nem pedirem explicações à mulher pode ser sinal de que já haviam percebido que Jesus viera derrubar algumas barreiras. Por mais que ficassem intrigados com o comportamento do Mestre, pois a pessoa com quem conversava, além de ser mulher era samaritana, um povo por quem os judeus nutriam profundo desprezo, os discípulos já estavam cientes de que Ele não fazia nada que parecesse chocante sem um bom motivo.

E o motivo de Jesus quebrar aquela regra de conduta não ocultava nenhuma pauta feminista: Ele estava somente fazendo seu trabalho, que consistia em levar salvação à humanidade perdida. Porque, no que diz respeito à questão salvífica, "não pode haver judeu nem grego [raça]; nem escravo nem liberto [condição social]; nem homem nem mulher [gênero]; porque todos vós sois um em Cristo Jesus" (Gálatas 3:28). Uma mulher samaritana encaixava-se perfeitamente no escopo da missão do Messias.

115

JESUS SEM FILTRO

Depois que ela entendeu a mensagem, correu à cidade e chamou o povo para ouvir o que Jesus tinha a dizer. Jesus transformou uma mulher de má fama em uma evangelista!

A ADÚLTERA

Certa ocasião, "os escribas e fariseus trouxeram à sua presença uma mulher surpreendida em adultério e, fazendo-a ficar de pé no meio de todos, disseram a Jesus: Mestre, esta mulher foi apanhada em flagrante adultério. E na lei nos mandou Moisés que tais mulheres sejam apedrejadas; tu, pois, que dizes?" (João 8:3-5). Havia na pergunta a expectativa de uma resposta negativa da parte de Jesus, pois se Ele fosse contrário ao que Moisés determinou o povo certamente deixaria de escutá-lo. O Mestre, porém, deixou todos sem palavras quando respondeu: "Aquele que dentre vós estiver sem pecado seja o primeiro que lhe atire pedra" (v. 7).

Na visão feminista, Jesus supervalorizou a adúltera. Ela foi trazida à presença dele para ser humilhada, mas eles é que passaram uma grande vergonha na frente de todo o povo. Jesus não se importou com o pecado que ela havia cometido, mas tratou de mostrar que aqueles homens eram piores — ou inferiores — a ela. A prova, diriam as militantes do feminismo, é que Jesus não a condenou. Pelo contrário, Ele a exaltou e humilhou os homens que a acusavam.

Mais uma vez, temos uma percepção anacrônica e equivocada das intenções de Jesus. Ele não estava exaltando uma pecadora e rebaixando os homens. Na verdade, Ele queria equilibrar os pratos da balança da justiça. Era óbvia a maldade daqueles homens, porque segundo a lei de Moisés tanto o homem quanto a mulher deveriam ser apedrejados, mas o adúltero não foi trazido à presença de Jesus. Também o desafio de atirar a primeira pedra quem não tivesse pecado não pretendia mostrar a diferença entre os acusadores e a acusada, e sim que estavam todos na mesma condição de pecadores.

E Jesus, obviamente, jamais concordaria com qualquer tipo de pecado. Quando Ele disse à mulher que não a condenava, estava querendo dizer que não exigiria que fossem aplicados a ela os rigores da lei mosaica. E a prova de que não era condescendente com os erros dela está em sua recomendação final: "Vai e não peques mais' (v. 11).

A MULHER QUE LHE UNGIU OS PÉS

Jesus certa vez estava participando de um jantar na casa de um fariseu, quando "uma mulher da cidade, pecadora" adentrou o recinto e ungiu os pés do Senhor com um perfume caríssimo (Lucas 7:36-50). Então o fariseu machista, exclusivista, seguidor do patriarcado, ficou escandalizado e pensou: "Se este fora profeta, bem saberia quem e qual é a mulher que lhe tocou, porque é pecadora". E Jesus, percebendo a reprovação do dono da casa, respondeu: "Perdoados lhe são os seus muitos pecados, porque ela muito amou; mas aquele a quem pouco se perdoa, pouco ama".

As feministas poderiam alegar que as mulheres conseguem amar mais a Jesus que os homens. E outra vez estão equivocadas. A mulher aqui "muito amou" porque muita coisa lhe foi perdoada. Um homem a quem muito lhe fosse perdoado também "amaria muito", porque o assunto aqui não é o gênero, mas a gratidão.

AS MULHERES NAS PARÁBOLAS DE JESUS

As feministas lembram também que Jesus citou várias mulheres em suas parábolas, e é verdade. Um desses exemplos é a parábola do fermento: "O reino dos céus é semelhante ao fermento que uma mulher tomou e escondeu em três medidas de farinha, até ficar tudo levedado" (Mateus 13:33).

Em seu Sermão Profético, em que Jesus discorre sobre o fim dos tempos e sua vinda gloriosa, Ele diz que "duas [mulheres] estarão trabalhando num moinho, uma será tomada, e deixada a outra" (Mateus 24:41).

Na parábola da dracma perdida (Lucas 15:8-10), Jesus pergunta: "Qual é a mulher que, tendo dez dracmas, se perder uma, não acende a candeia, varre a casa e a procura diligentemente até encontrá-la?".

Em Lucas 18:1-8, na parábola do juiz iníquo, para ensinar "sobre o dever de orar sempre e nunca esmorecer", Ele conta a história de uma viúva que conseguiu a atenção de um juiz desonesto por causa de sua insistência.

No entanto, essas menções são apenas retratos do cotidiano da época. Nada mudou na vida delas depois dessas histórias. Elas continuaram donas de casa e viúvas, envolvidas em seus afazeres e demandas. Jesus estava ensinando princípios do reino de Deus, não ministrando doutrinação feminista.

AS MULHERES ATENDIDAS POR JESUS

Durante o exercício de seu ministério, Jesus deu atenção a várias mulheres, o que na visão feminista corresponde a um empenho da parte do Mestre a favor da causa. Podemos citar entre elas a mulher do fluxo de sangue e a filha de Jairo, a viúva de Naim e a mulher siro-fenícia. Mas qual a real intenção de Jesus ao atendê-las?

A mulher do fluxo de sangue e a filha de Jairo

O texto de Marcos 5:21-43 narra um duplo milagre. Jesus estava a caminho da casa de Jairo, um dos chefes da sinagoga de Cafarnaum, que viera implorar ao Mestre que curasse sua filha de 12 anos. No meio do caminho, uma mulher que sofria de hemorragia tocou na borda do manto de Jesus e recebeu a cura. O milagre pôs fim a um sofrimento de doze anos, a mesma idade da menina que Ele estava indo curar.

Jairo, um homem, havia chegado primeiro, mas Jesus se deteve no caminho para atender uma mulher antes de curar a menina. Mas, enquanto Ele dava atenção à mulher, chegou a notícia de que a filha de Jairo havia morrido. Ela era filha única de um homem importante na comunidade (Lucas 8:42), e alguém pode ter pensado que o atraso causado pelo atendimento à mulher hemorrágica. No entanto, o poder de Jesus não estava limitado à cura: da mesma forma que poderia ter restaurado a saúde da menina, Ele tornou a lhe dar a vida (Marcos 5:35-43).

O fato curioso é que no mesmo episódio Jesus atendeu a duas representantes do sexo feminino: a caminho curar uma menina, realizou um milagre a favor de uma mulher adulta.

A viúva de Naim

Jesus estava entrando com seus discípulos em uma cidade chamada Naim quando deparou com um enterro. Uma viúva acabara de perder o único filho. Sim, dessa vez Jesus ressuscitou um rapaz, porém o motivo foi que, "vendo-a, o Senhor se compadeceu dela" (Lucas 7:13). A vida de uma viúva sozinha não era nada fácil na época, e a morte do filho por certo lhe tirara a principal fonte de sustento. Foi pensando no bem dela que Ele ressuscitou o rapaz.

É interessante que nos três milagres de ressurreição operados por Jesus, as mulheres tiveram participação importante. No caso de Jairo, foi uma menina que ressuscitou. O filho da viúva tornou à vida porque Jesus se compadeceu da mãe dele. No episódio da ressurreição de Lázaro, toda a comoção girou em torna de Marta e Maria, irmãs do morto (João 11).

A MULHER SIRO-FENÍCIA

Jesus certa vez andava pelas terras de Tiro e Sidom, quando uma mulher "grega, de origem siro-fenícia", rogou ao Mestre que libertasse sua filha, que estava possuída por um espírito maligno. Em vez de ser prontamente atendida, no entanto, recebeu uma resposta um tanto ríspida do Senhor: "Deixa primeiro que se fartem os filhos, porque não é bom tomar o pão dos filhos e lançá-lo aos cachorrinhos". No entanto, ela não desistiu e retrucou: "Sim, Senhor; mas os cachorrinhos, debaixo da mesa, comem das migalhas das crianças" (Marcos 7:27-28). Jesus estava concentrado em sua missão aos judeus, porém acabou atendendo uma estrangeira e libertou a filha dela — mais uma vez um milagre envolvendo duas mulheres.

POR QUE JESUS DAVA ATENÇÃO ÀS MULHERES

A militância feminista poderia esses casos protagonizados por mulheres para alegar um interesse de Jesus em valorizar a mulher acima dos homens, porém essa ideia não se sustentaria. Jesus deu atenção a todas essas mulheres porque elas eram necessitadas, e algumas delas deram impressionantes demonstrações de fé. Jesus não privilegiava o gênero masculino nem desprezava o gênero feminino. Sua compaixão se estendia a todos, pouco importando se a pessoa necessitada era homem ou mulher.

AS MULHERES NO MINISTÉRIO DE JESUS

Não se pode negar que Jesus valorizou a mulher em seu ministério, e esse talvez seja o principal argumento a favor da ideia de

O JESUS FEMINISTA

um Jesus feminista. Lucas informa que "algumas mulheres que haviam sido curadas de espíritos malignos e de enfermidades" acompanhavam Jesus enquanto Ele percorria as cidades anunciando o evangelho do reino (Lucas 8:2). Os rabinos da época não aceitavam mulheres como discípulas, porque as consideravam inferiores aos homens. Jesus, no entanto, não só as admitia como também lhes atribuía certas funções.

O texto menciona "Maria, chamada Madalena, da qual saíram sete demônios; e Joana, mulher de Cuza, procurador de Herodes, Suzana e muitas outras, as quais lhe prestavam assistência com os seus bens" (v. 3).

Maria Madalena (nome que significa "de Magdala", uma cidade) recebeu uma libertação espiritual. A menção aos "sete demônios" nos leva a crer que Jesus a resgatou de uma existência miserável. Embora a imaginação popular a tenha estigmatizado como uma mulher de vida imoral antes de conhecer Jesus, não há no Novo Testamento nenhuma indicação de ela tenha sido prostituta em algum momento. Mesmo assim, não é difícil chegar à conclusão de que ela seguia Jesus por gratidão e queria demonstrá-la na forma de serviço. Foi ela a responsável por avisar os demais discípulos sobre a ressurreição de Jesus (João 20:16-18).

Nada se sabe a respeito das outras duas mulheres mencionadas, Joana e Suzana, exceto que a primeira era esposa de um político. Havia ainda "muitas outras" mulheres acompanhando o Senhor em suas viagens pela Palestina. E, ao que tudo indica, eram elas que sustentavam financeiramente o ministério de Jesus.

Não há dúvida de que Jesus valorizou as mulheres muito mais que os outros rabinos de sua época ao aceitar a participação ativa delas em seu ministério. E as feministas parecem ver nessa atitude de Jesus um aval para o ministério feminino, talvez até à frente de muitos homens. Mas quem disse que é preciso ser feminista para valorizar a mulher ou que a participação delas no ministério eclesiástico seja ilimitada? O serviço ministerial feminino foi valorizado por Jesus e deve ser valorizado por nós, porque, como Ele, devemos entender que a mulher tem seu papel sua importância na obra de Deus.

O VERDADEIRO "FEMINISMO" DE JESUS

O movimento feminista infiltrado em algumas igrejas não consegue perceber que Deus nunca pôs as mulheres acima dos homens. Apesar de toda a condescendência de Jesus com as mulheres, da atenção que deu a elas e da valorização delas em seu ministério, Ele nunca designou uma mulher para liderar homens. Quando Ele selecionou os Doze, aquele grupo mais chegado, os nomes escolhidos foram "Simão, a quem acrescentou o nome de Pedro; Tiago, filho de Zebedeu, e João, seu irmão, aos quais deu o nome de Boanerges, que quer dizer: filhos do trovão; André, Filipe, Bartolomeu, Mateus, Tomé, Tiago, filho de Alfeu, Tadeu, Simão, o Zelote, e Judas Iscariotes, que foi quem o traiu. (Marcos 3:13-19). Jesus não escolheu nenhuma mulher para integrar esse grupo de líderes.

Convém lembrar que, no Antigo Testamento, as lideranças escolhidas por Deus eram masculinas: Abraão, Isaque, Jacó e os Doze patriarcas da nação de Israel. Jacó tinha uma filha chamada Diná, porém os líderes da nação, que deram origem às tribos de Israel foram os homens.

Outra prova de que Jesus e os apóstolos primavam pela liderança dos homens é que, ao listar os requisitos para o governo e o pastoreio das igrejas, o apóstolo Paulo menciona a necessidade de o candidato ser "esposo de uma só mulher", alguém "que governe bem a própria casa, criando os filhos sob disciplina, com todo o respeito (pois, se alguém não sabe governar a própria casa, como cuidará da igreja de Deus?)' (1Timóteo 3:2,4).

O texto de 1Coríntios 11 mostra que homem e mulher têm a mesma importância, porém com papéis diferentes. É como na Trindade, Pai, Filho e Espírito Santo têm a mesma importância, apenas os papéis são diferenciados. Essa relação não é menosprezo à mulher, mas questão de funções.

Em Efésios 5:22, a prescrição é: "As mulheres sejam submissas ao seu próprio marido, como ao Senhor". A mulher deve servir o marido em uma atitude de submissão, que não deve ser confundida com inferioridade, maus-tratos, escravidão. Uma mulher sábia é o esteio da casa, sob a missão que Deus deu ao seu marido. Como isso seria inferioridade?

Deus formou a mulher como uma auxiliadora idônea, ou seja, apta, competente para estar ao lado do homem (Gênesis 2:18) — indispensável, não menos importante, mas com uma função diferente. Maria era "cheia de graça", "favorecida" (Lucas 1:28).

Em vez de buscar uma posição de superioridade ou de competição entre homens e mulheres, Jesus demonstrou um equilíbrio perfeito. Ele trouxe a mulher para o centro da narrativa, dando-lhe voz e espaço em seu ministério, mas sem alterar a ordem estabelecida por Deus. A sua abordagem não era a de subversão dos papéis, mas de restauração da dignidade feminina, rompendo com as tradições opressivas da época e oferecendo uma visão clara do propósito divino para ambos os sexos. A verdadeira igualdade, para Jesus, estava em respeitar o valor intrínseco de cada pessoa e os diferentes papéis que Deus designou para elas.

PORTANTO, JESUS NÃO FOI UM REVOLUCIONÁRIO FEMINISTA, ELE APENAS DEU À MULHER O VALOR QUE ELA SEMPRE TEVE. EMBORA JESUS TENHA DEMONSTRADO PROFUNDO RESPEITO E VALORIZADO AS MULHERES EM UM CONTEXTO CULTURAL PATRIARCAL, RETRATÁ-LO COMO UM DEFENSOR DO MOVIMENTO FEMINISTA ESTÁ LONGE DE SEU

PROPÓSITO. ELE VALORIZOU A MULHER MUITO MAIS QUE QUALQUER UM DE SUA ÉPOCA, CONTUDO EM MOMENTO ALGUM AS COLOCOU EM UM NÍVEL SUPERIOR AOS HOMENS. ELE APENAS DEU A ELAS O RECONHECIMENTO QUE MERECEM, EM SEU LUGAR DE HONRA E DE GRAÇA.

O JESUS
MACHISTA

UMA DAS ACUSAÇÕES PREFERIDAS dos detratores da Bíblia nos dias atuais é que o machismo é evidente e transborda das páginas desse livro amado pelos cristãos. E, embora algumas feministas considerem Jesus um adepto da causa, a maioria o retrata como um machista não muito diferente ou até do mesmo naipe dos representantes da cultura patriarcal (as feministas adoram usar esse termo).

Nessa visão, Ele seria alguém que endossou e perpetuou as ideias machistas, que reforçam os papéis tradicionais de gênero e as hierarquias patriarcais. Na leitura dos evangelhos, Ele é visto como alguém que achava correto o papel subordinado da mulher, pois em momento algum desafia as injustiças de gênero de sua época nem fez esforço algum para mudar o que se pensava das mulheres em sua época.

Sua misoginia seria evidente em pelo menos duas ocasiões: na resposta ríspida que deu à sua mãe quando esta lhe solicitou ajuda sobrenatural em uma festa e no uso de um termo pejorativo para se referir a uma estrangeira.

Além disso, dizem as feministas, Ele só chamou discípulos homens. Não havia uma mulher entre os Doze nem entre os Setenta. Suas amizades mais próximas eram homens. Na igreja primitiva, composta por seus seguidores, a hegemonia masculina é evidente, e as respostas oferecidas por teólogos e estudiosos da

Bíblia a essas acusações não passam de meras justificativas para a opressão e a desigualdade de gênero.

Contudo, mais uma vez, um exame mais atencioso das ações e palavras de Jesus irá mostrar estamos diante de outra acusação equivocada, de uma interpretação anacrônica da história, fora de contexto. Em alguns casos, os mesmos textos do capítulo anterior, utilizados para provar que Jesus não era feminista, servirão para demonstrar que não há nas páginas dos evangelhos nenhum indício desse alegado machismo.

A BÍBLIA É UM LIVRO MACHISTA?

A acusação de machismo não pesa apenas sobre Jesus, mas antes recai sobre a própria Bíblia, acusada de ser toda ela um livro machista. Nas narrativas bíblicas, argumenta-se, as mulheres são apenas coadjuvantes ou definidas em termos de sua relação com os homens, como esposas, mães ou filhas, e embora algumas desempenhem papéis importantes, esse destaque constitui apenas uma exceção à regra.

É óbvio que a Bíblia retrata uma cultura patriarcal e machista, em que os homens dominavam e que o dono da casa tinha poderes quase ilimitados sobre a família — não só sobre as mulheres, veja bem. Lemos, horrorizados, que Ló ofereceu as próprias filhas para serem abusadas pelos homens de Sodoma que cercavam sua casa (Gênesis 19:6-8) e outro caso semelhante, com um levita, que teve um final trágico (Juízes 19:22-30). Mas o patriarca da família também tinha poderes sobre os filhos homens, podendo desterrá-los, se quisesse, como fez Abraão (Gênesis 25:6), ou até matá-los — o rei Manassés, em nome da religião, queimou o próprio filho em sacrifício (2Reis 21:6; cf. Deuteronômio 21:18-21).

Acontece que todos esses relatos bíblicos são apenas descritivos. Não estão ali como recomendação. Se alguém escreve um livro retratando o tempo da escravidão no Brasil, isso não quer dizer que o autor seja necessariamente escravagista. Aliás, geralmente é o contrário. E um autor favorável à volta da escravidão jamais apresentaria um escravo como herói. As mulheres de fato não tinham muito espaço na sociedade patriarcal, mas a Bíblia não tem problema algum em retratar as que se destacaram de maneira positiva e até heroica. Se fosse um livro machista em essência, não conheceríamos as histórias fascinantes de Eva, Débora, Ana e Ester, só para citar algumas. Vejamos esses exemplos.

Eva

Alega-se que já desde o relato da criação a mulher é apresentada como uma figura secundária, criada a partir do homem (Gênesis 2:21-22) e destinada a ser sua ajudante. Isso é visto por algumas feministas como um fundamento para justificar a desigualdade de gênero. De fato, a mulher foi criada a partir do homem para ser sua "auxiliadora" (Gênesis 2:18-14). No entanto, a própria narrativa da criação desfaz qualquer ideia de inferioridade que se tente atribuir a ela.

A comprovação dessa verdade está no primeiro capítulo de Gênesis. À medida que o mundo vai sendo criado — a terra e os mares, o mundo vegetal, o mundo animal —, tudo é descrito como "bom" (v. 9,11,18 etc.). Mas depois que a mulher surgiu em cena, o que veio completar a criação, o texto descreve o cenário como "muito bom" (v. 31). Como um livro machista deixaria evidente que o mundo ficou melhor — que passou de "bom" para "muito bom" — depois de a mulher ter sido criada?

Débora

A Bíblia descreve Débora como "profetisa, mulher de Lapidote, [que] julgava a Israel naquele tempo. Ela atendia debaixo da

JESUS SEM FILTRO

palmeira de Débora, entre Ramá e Betel, na região montanhosa de Efraim; e os filhos de Israel subiam a ela a juízo" (Juízes 4:4-5). Ela é uma figura destacada no livro de Juízes, a única mulher a exercer a função de juíza em Israel — e então cabe aqui nos perguntarmos como um livro machista daria tal destaque à biografia de uma mulher que conseguiu se tornar juíza — na época o cargo de liderança mais elevado em Israel — em uma sociedade machista.

Débora atuava resolvendo disputas entre o povo e, como profetisa, por certo comunicava as orientações de Deus àqueles que vinham consultá-la. Sua liderança era tão respeitada que até a palmeira debaixo da qual ela atendia as pessoas recebeu o nome dela. E o relato bíblico dá a entender que ninguém questionava o fato de ela ser mulher.

E não fica só nisso. Deus ordenou que ela chamasse Baraque, comandante militar, para liderar um exército contra Sísera, um cananeu inimigo de Israel. Débora transmitiu a mensagem a Baraque, com a promessa da vitória de Israel sobre os cananeus, porém Baraque impôs uma surpreendente condição: "Se fores comigo, irei; porém, se não fores comigo, não irei" (v. 8). Ela concordou, mas profetizou que a honra da vitória não seria dele, mas seria entregue "às mãos de uma mulher" (v. 9). De fato, Sísera, derrotado pelos israelitas, fugiu e acabou buscando refúgio na tenda de Jael, uma mulher da tribo nômade dos queneus, descendentes de Jetro, sogro de Moisés. Jael, cumprindo a profecia de Débora, matou Sísera enquanto ele dormia, cravando-lhe uma estaca na cabeça (v. 17-22).

Que livro machista descreveria tal prestígio e heroísmo de duas mulheres, ainda mais apresentando em contrapartida um homem e líder militar, digamos, não muito corajoso?

132

ANA

Ana é a personagem principal dos primeiros capítulos do livro de 1Samuel. Ela passou para a história por sua devoção a Deus, seu intenso desejo de ser mãe e seu papel como mãe do profeta Samuel. A história dessa mulher é uma poderosa narrativa de fé, oração e gratidão. Casada com Elcana, um homem que tinha outra esposa chamada Penina, porque a poligamia era normal na época, Ana vivia uma existência angustiante por ser estéril. E a glória de toda mulher na época era a maternidade. Naquela antiga cultura, a esterilidade era vista como uma desgraça, e Penina, que era mãe, "a provocava excessivamente para a irritar, porquanto o SENHOR lhe havia cerrado a madre" (1Samuel 1:6).

Durante uma peregrinação ao tabernáculo em Siló, Ana orou fervorosamente a Deus pedindo um filho. E fez um voto: se Deus atendesse à sua oração, ela dedicaria esse filho ao Senhor. Para resumir a história, ela foi mãe do profeta Samuel e depois disso ainda teve três filhos e duas filhas (1Samuel 2:21). Por isso, Ana é lembrada como um exemplo de fé, paciência e devoção. E seu legado foi perpetuado na vida de seu primogênito, que desempenhou um papel crucial na história de Israel ao unir as tribos e ungir os primeiros reis de Israel. Um livro machista traçaria um perfil tão positivo de uma mulher?

ESTER

Ester, uma jovem judia que se tornou rainha, é a personagem principal do livro que leva seu nome no Antigo Testamento. Ela desempenhou um papel crucial na história dos judeus ao salvá-los da destruição iminente durante o exílio persa. Ester é uma das figuras mais admiradas no judaísmo por sua coragem, sabedoria e fé. Sua história é um exemplo poderoso de como Deus pode usar pessoas em posições estratégicas para realizar seus propósitos, mesmo em circunstâncias difíceis e em terras estrangeiras.

Foi sua coragem ao enfrentar o conspirador Hamã (Ester 7) que garantiu a sobrevivência de seu povo e de suas tradições. A festa de Purim, instituída para comemorar a salvação dos judeus, é uma celebração da vitória da vida sobre a morte e da justiça sobre a injustiça, e Ester é o símbolo dessa vitória. Que livro machista transformaria uma mulher em heroína nacional?

Entre tantas mulheres valorosas do Antigo Testamento, poderíamos citar ainda Raquel, Miriã, Rute, Abigail, Hulda e muitas outras que comprovam o valor da mulher virtuosa de Provérbios.

JESUS E AS MULHERES

Jesus é acusado de ser machista por supostamente ter faltado com o respeito à sua mãe no episódio do casamento em Caná da Galileia e também por ter comparado uma mulher a uma "cachorrinha". No entanto, uma análise mais atenciosa desses casos mostram outra realidade, reforçada pela maneira em que Ele tratou outras mulheres ao longo de seu ministério.

Jesus e Maria

Alguns usam a história do primeiro milagre de Jesus para alegar que Ele tratou sua mãe de maneira desrespeitosa. Eles estavam em uma festa de casamento, quando Maria avisou Jesus de que o vinho havia faltado, confiante de que Ele resolveria o problema. A resposta dele, porém, foi surpreendente: "Mulher, que tenho eu contigo? Ainda não é chegada a minha hora" (João 2:4). Até mesmo alguns cristãos ficam chocados com a aparente rispidez com que Jesus tratou sua mãe. Mas a questão é que lemos pela perspectiva de nosso século e de nossa cultura uma cena ocorrida há 2 mil anos no Oriente Médio.

Vamos começar pelo fato de que o texto traduz apenas palavras. O tom não está incluído, nem o autor indica algo como: "Jesus, irritado, respondeu...". A frase "que tenho eu contigo?" era bem comum na época. Sem dúvida, ela poderia ser dita em tom de irritação, e significar algo como: "Caia fora!". No entanto, podia ser também pronunciada com afabilidade, sem indicar rejeição ou recriminação. No caso de Jesus, certamente significava: "Não se preocupe, na hora certa eu resolvo". Longe de se irritar com o pedido de Maria, Ele estava dizendo algo como: "Deixe comigo, mas vou fazer da minha maneira". E a prova disso é que Ele realizou o milagre.

A palavra "mulher" também pode dar a impressão de uma resposta ríspida, contudo é a mesma que Jesus usou na cruz, quando disse à mesma Maria: "Mulher, eis aí teu filho", referindo-se a João, encarregado de cuidar dela depois que Jesus partisse (João 19:26). Em ambos os casos, Jesus se dirigiu de maneira gentil à sua mãe.

JESUS E A "CACHORRINHA"

A história da mulher siro-fenícia ou cananeia, relatada no capítulo anterior para mostrar que Jesus não era feminista convém ser lembrada aqui para mostrar que Ele não era machista. Jesus estava deixando a Galileia com seus discípulos e se dirigindo para as vizinhanças de Tiro, região onde hoje se situa o Líbano, quando uma mulher começou a segui-los clamando sem parar: "Senhor, Filho de Davi, tem compaixão de mim! Minha filha está horrivelmente endemoninhada" (Mateus 15:22). Os discípulos, incomodados, pediam a Jesus que a atendesse logo, mas Ele retrucou: "Não fui

JESUS SEM FILTRO

enviado senão às ovelhas perdidas da casa de Israel" (v. 24). E, diante da insistência dela, respondeu: "Não é bom tomar o pão dos filhos e lançá-lo aos cachorrinhos" (v. 26).

Da mesma forma que no caso de Maria, citado anteriormente, muitos interpretam essa frase de Jesus também como uma grosseria. No entanto, mais uma vez, temos a situação de ler um texto que não mostra a entonação em que a frase foi proferida. E também é preciso entender o significado do diminutivo "cachorrinhos".

Na Bíblia, a palavra "cão" é geralmente um insulto. Os judeus costumavam se referir aos "cães gentios". Na época, os cães eram animais doentes, imundos, e até perigosos. O termo era usado de maneira metafórica para descrever algo vil ou desprezível. No entanto, Jesus emprega o diminutivo plural "cachorrinhos", que corresponde à palavra grega *kunaria*, que não designava os cães de rua. A referência era aos animaizinhos acolhidos ambiente do lar, quase o equivalente ao moderno "cachorro de madame". Portanto, a expressão que Jesus usou era metafórica, não insultuosa.

E, mais uma vez, ninguém pode atribuir a Jesus, que veio manifestar o amor de Deus ao mundo (1João 4:9), uma resposta ofensiva a uma pobre mulher em necessidade. Presumir tal atitude do Senhor, isso sim constitui um insulto. Não pode haver dúvidas de que o tom de Jesus, ao justificar que sua missão era dirigida "às ovelhas perdidas da casa de Israel", era carinhoso, amável, de modo que a mulher não se sentiu ofendida — nem havia razão para tal.

Além disso, não podemos excluir a possibilidade de um teste de fé (cf. v. 28). E a resposta da mulher — "Sim, Senhor, porém os cachorrinhos comem das migalhas que caem da mesa dos seus donos" — com certeza fez Jesus abrir um largo sorriso e atender ao seu pedido. Jesus atendeu uma mulher pelo bem de outra.

136

Jesus e seu tratamento a outras mulheres

Vamos lembrar outras mulheres citadas como exemplo para provar o feminismo de Jesus. Joana e Suzana acompanhavam o Senhor em suas viagens pela Palestina. Elas não eram ministras, mas tinham seu lugar no ministério de Jesus. Ele as acolhia porque as valorizava, e isso depõe contra qualquer tentativa de considerá-lo machista. E a principal participação delas era sustentar financeiramente o ministério de Jesus (Lucas 8:3). Como um machista iria aceitar ser sustentado por mulher?

Maria Madalena, a mulher que Jesus libertou de sete demônios não foi apenas um número entre os milagres que Ele realizava a favor do povo sem distinção de gênero. Ela era participativa na obra do Mestre e recebeu honrosa tarefa de comunicar aos outros discípulos a notícia da ressurreição de Jesus (João 20:16-18).

Ele interrompeu a caminhada até a casa de um homem importante para atender uma mulher que sofria de hemorragia (Marcos 5:21-43). Ele não só atendeu ao pedido da mulher siro-fenícia, como a elogiou publicamente: "Ó mulher, grande é a tua fé!" (Mateus 15:28).

Esses e outro exemplos mostram que Jesus dava uma atenção diferenciada às mulheres, diferentemente dos religiosos de sua época, que se recusavam até a conversar com uma mulher em público.

JESUS E OS DISCÍPULOS HOMENS

Outro argumento usado para demonstrar o machismo de Jesus é a escolha de doze homens e nenhuma mulher para a liderança apostólica. De fato, "os nomes dos doze apóstolos são estes: primeiro, Simão, por sobrenome Pedro, e André, seu irmão; Tiago, filho de Zebedeu, e João, seu irmão; Filipe e Bartolomeu; Tomé e Mateus, o publicano; Tiago, filho de Alfeu, e Tadeu; Simão, o Zelote, e Judas Iscariotes, que foi quem o traiu" (Mateus 4.2-4). Ele também "designou outros setenta" (Lucas 10:1), mas não consta que havia alguma mulher entre estes. Essas escolhas, porém, não evidenciam nenhum machismo em Jesus.

A questão é que, no contexto do judaísmo do primeiro século, as estruturas sociais e religiosas eram dominadas por homens. Portanto, escolher homens como discípulos estava em conformidade com as normas culturais e religiosas da época. As mulheres desempenhavam papéis importantes na família e na comunidade, porém raramente ocupavam posições de liderança pública ou religiosa. Jesus valorizava as mulheres, mas não era sua missão lutar contra essas políticas. Sua mensagem de amor e justiça para os dois gêneros seria aceita com mais facilidade e mais bem compreendida se essa tarefa fosse entregue a homens.

Jesus, por exemplo, não iniciou nenhuma campanha contra os fariseus em nenhum momento para defender que mulheres fossem aceitas como rabinas, que pudessem ensinar no Templo. Não se tratava de conivência com o machismo de sua época.

Na própria igreja, que se formou após sua partida, nenhuma posição de liderança era ocupada por mulheres. Paulo, ao orientar Timóteo sobre como dirigir a igreja, afirmou que não era permitido "que a mulher ensine, nem exerça autoridade *de homem*" (1 Timóteo 2:12; cf. 1 Coríntios 14:34-35). Ou seja, elas não podiam liderar nem ensinar homens. Na igreja, cada um, homem ou mulher, tem seu papel. E é assim que ela funciona.

Essa diferença de papéis existe porque a vida da igreja primitiva também refletia a atitude de Jesus para com as mulheres. E a participação delas na obra descrita no livro de Atos e no restante do Novo Testamento mostra que seus seguidores agiam em plena concordância com o tratamento que o Mestre dispensava a elas.

Podemos citar como exemplo as quatro filhas de Filipe, que não eram líderes, mas "profetizavam" (Atos 21:9). Priscila, na companhia de seu marido, Áquila, desempenhou um trabalho importantíssimo ao lado de Paulo em suas viagens missionárias. A diaconisa Febe, que servia na igreja de Cencreia, é digna de elogios do apóstolo Paulo (Romanos 16:1-2). Ele também menciona Trifena e Trifosa, esforçadas obreiras. Assim, toda a Escritura, não só os evangelhos, espelham a preocupação de Jesus em valorizar a mulher, que não é nem mais nem menos importante que o homem, apenas tem papéis diferentes a desempenhar.

A SUBORDINAÇÃO DAS MULHERES

Um dos textos mais polêmicos, que alvoroçam as feministas, é Efésios 5:22-33. Essa passagem bíblica instrui as esposas a se submeterem ao marido, em uma analogia da relação de submissão da igreja a Cristo:

> As mulheres sejam submissas ao seu próprio marido, como ao Senhor; porque o marido é o cabeça da mulher, como também Cristo é o cabeça da igreja, sendo este mesmo o salvador do corpo. Como, porém, a igreja está sujeita a Cristo, assim também as mulheres sejam em tudo submissas ao seu marido. Maridos, amai vossa mulher, como também Cristo amou a igreja e a si mesmo se entregou por ela, para que a santificasse, tendo-a purificado por meio da lavagem de água pela palavra, para a apresentar a si mesmo igreja gloriosa, sem mácula, nem ruga, nem coisa semelhante, porém santa e sem defeito. Assim também os maridos devem amar a sua mulher como ao próprio corpo. Quem ama a esposa a si mesmo se ama. Porque ninguém jamais odiou a própria carne; antes, a alimenta e dela cuida, como também Cristo

JESUS SEM FILTRO

> o faz com a igreja; porque somos membros do seu corpo. Eis por que deixará o homem a seu pai e a sua mãe e se unirá à sua mulher, e se tornarão os dois uma só carne. Grande é este mistério, mas eu me refiro a Cristo e à igreja. Não obstante, vós, cada um de per si também ame a própria esposa como a si mesmo, e a esposa respeite ao marido.

Não há por que estender longamente o debate sobre a submissão da mulher. Como já foi dito, não é questão de alguém ser maior ou menor, superior ou inferior, mas de exercerem cada um seu papel conforme Deus determinou. Nenhuma empresa funciona com dois chefes autônomos, cada um fazendo o que bem entende. Cristo, que é o Cabeça de todos nós, determinou que o marido seja o cabeça da mulher. Nessa relação é necessário que cada um reconheça sua função para o bom funcionamento da família.

A Bíblia contém não só instrução ao homem e à mulher como casal, mas também como pais e, da mesma forma, instrução aos filhos (Efésios 6:1-4). Cada um deve agir de acordo com o que as Escrituras prescrevem, pois de outra forma teremos uma família disfuncional — e, como sabemos, nos dias de hoje não são poucas.

E o elemento que permeia essa engrenagem e faz tudo funcionar a contento é o amor, e esse amor deve ser tão forte e verdadeiro quanto o amor que Cristo tem pela sua igreja, que não por acaso, é comparada a uma noiva (Apocalipse 21:9). Onde há amor, não há lugar para o machismo, pois o amor "não procura os seus interesses" (1Coríntios 13:5), ou seja, não quer dominar ninguém, apenas fazer o que é melhor para o outro. Isso condiz perfeitamente com o que Jesus fez e ensinou.

ENQUADRAR JESUS COMO MACHISTA NÃO PASSA DE UMA INTERPRETAÇÃO TENDENCIOSA, QUE IGNORA SUAS INTERAÇÕES POSITIVAS E IGUALITÁRIAS COM RELAÇÃO ÀS MULHERES. EMBORA ALGUMAS PASSAGENS BÍBLICAS POSSAM SER INTERPRETADAS DE MANEIRA A SUGERIR UMA VISÃO TRADICIONAL DOS PAPÉIS DE GÊNERO, OUTRAS MOSTRAM JESUS DESAFIANDO ATIVAMENTE AS ESTRUTURAS PATRIARCAIS DE SUA ÉPOCA.

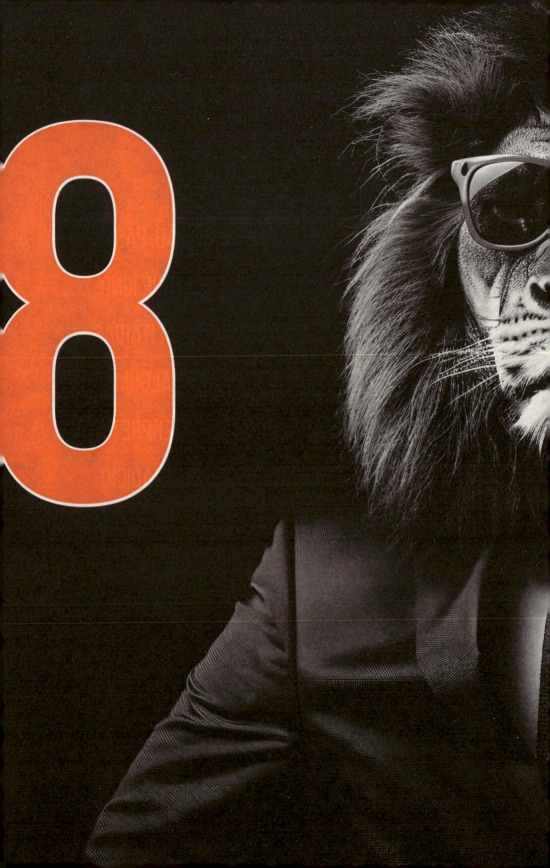

O JESUS
FRACOTE

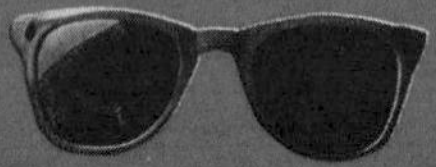

OUTRA VISÃO EQUIVOCADA DE JESUS gerada pelos filtros da sociedade moderna retrata-o como um homem frágil e impotente, com muitas demonstrações de fraqueza e incapaz de influenciar mudanças significativas, às vezes parecendo um personagem dos filmes de comédia do grupo Monty Python. A história contada nos Evangelhos mostra um líder passivo, que não exerce autoridade nem um impacto real sobre seus seguidores.

O discurso sobre um Jesus forte, valente e vencedor, que não se amedronta diante de nada nem de ninguém, não se sustenta, dizem, quando se leem os Evangelhos sem os ditames da religiosidade e do fanatismo. Percebe-se um Jesus passivo, quieto, moderado em excesso e até introspectivo, alguém avesso às interações sociais, que sente a necessidade de se isolar do mundo para orar, diante do peso de sua missão e do policiamento das autoridades religiosas, sempre atentos às suas palavras e ações.

Afirma-se ainda que as Escrituras exibem o retrato de um Jesus extremamente limitado em sua humanidade, que se mostra mais cansado que seus discípulos e incapaz às vezes de realizar seus milagres. Também parece alguém propenso a crises de choro e inseguro a ponto de querer desistir de sua missão. Assim, quem iria se inspirar em alguém fisicamente fraco, que vive chorando, não consegue fazer milagres quando quer e pensa em desistir de sua missão?

No entanto, todos esses argumentos são fruto de uma leitura superficial e até preconceituosa dos Evangelhos e não resistem a uma observação mais atenta. Sua aparente fraqueza era, na verdade, simples reflexos de sua humanidade, porém mesmo nessa condição Ele deu mostras de extraordinária coragem e ousadia. Além disso, Ele era Deus, o todo-poderoso, e sua divindade e seu poder são evidenciados em toda a sua biografia.

JESUS E AS LIMITAÇÕES HUMANAS

Jesus veio ao mundo para exercer o ministério de Sacerdote, e essa condição é celebrada no Novo Testamento: "Não temos sumo sacerdote que não possa compadecer-se das nossas fraquezas; antes, foi Ele tentado em todas as coisas, à nossa semelhança, mas sem pecado" (Hebreus 4:15). Ele era Deus, mas assumiu uma constituição totalmente humana e como tal experimentou todas as nossas limitações e angústias.

Já houve até quem pensasse que Jesus não era humano de verdade. A heresia do docetismo (do grego *dokeo*, "parecer", "aparentar"), por exemplo, surgida ainda nos tempos da igreja primitiva, ensinava que Jesus não era realmente humano, apenas parecia ser. Desse modo, Ele não teria sofrido nenhuma dor física. Isso implicava que a crucificação e a morte de Jesus não ocorreram de fato: seu sofrimento e sua morte teriam sido apenas uma encenação. Como espírito puro, Ele também não teria sido tentado de verdade no deserto. Mas a verdade é que Jesus vivenciou todas as sensações físicas e emocionais do ser humano. É o que mostram os Quatro Evangelhos. Ele sentiu cansaço, fome e sede e experimentou todas as emoções humanas.

Limitações físicas

Não sabemos ao certo como era a interação entre o divino e o humano presentes na pessoa de Jesus, porém sua humanidade era real. Sentir cansaço, fome, sede e dor não eram sinais de fraqueza, e sim demonstrações da autenticidade de sua natureza humana.

Certa ocasião, quando seguia da Judeia para a Galileia, e, enquanto atravessava a província de Samaria, Jesus se sentiu cansado e sentou-se à beira de um poço, enquanto os discípulos foram à cidade próxima comprar comida (João 4:3-5). Ele por certo estava mais cansado que eles por causa da exaustiva ministração, que às vezes podia se estender por um dia inteiro. Ele não se cansou porque era fraco. Cansou-se porque era humano. Até os atletas se cansam: corredores, jogadores, pugilistas. Pode-se perceber o cansaço quando estão em ação. Alguns desmaiam ou vão à lona, mas não por serem fracos. Aliás, valorizamos quando um competidor conquista a vitória após um esforço supremo para vencer o esgotamento das forças. O Mestre ministrava até a exaustão, a ponto de às vezes mal ter tempo para descansar (Marcos 1:32-39). Isso é demonstração de força, não de fraqueza.

Jesus também sentiu fome, como qualquer ser humano. Os fortes se alimentam, ou não conseguirão manter sua força. No exemplo citado acima, Ele estava esperando o regresso dos discípulos, que haviam ido comprar comida. Ou seja, além de cansado, Jesus estava com fome. Após o prolongado jejum no deserto, quando foi tentado por Satanás, Ele também "teve fome" (Mateus 4:2). Em várias ocasiões, vemos Jesus à mesa comendo e bebendo. Era até tachado de "glutão" (Mateus 11:19).

Além de sentir fome, como todo ser humano, Jesus também sentia sede. No episódio em Samaria, enquanto aguardava os discípulos, que haviam ido comprar comida, Ele pediu a uma

JESUS SEM FILTRO

samaritana que viera tirar água do poço: "Dá-me de beber". Isso quer dizer que, além de estar cansado com fome, Jesus também estava com sede. Na cruz, como todos os condenados que sofriam com a desidratação causada pela exposição ao sol e pela perda de sangue, seu corpo clamava por água, e Ele exclamou: "Tenho sede!" (João 19:28).

E Jesus também sentia dor. Quando foi condenado à cruz, Ele não estava milagrosamente anestesiado, mas sentiu os açoites que lhe cortavam a pele, a ardência das bofetadas, a dor terrível dos espinhos cravados no crânio, os pregos penetrando a carne e a agonia de morrer sufocado na cruz. Ele realmente sofreu por nós.

Emoções

Ser emotivo não é sinal de fraqueza. Faz parte da experiência humana. As emoções permitem que nos conectemos com os outros e que lidemos com as situações que enfrentamos de maneira mais autêntica. A emoção sem exageros é uma característica de pessoas mentalmente saudáveis. Jesus era emocionalmente saudável, não permitia que elas o dominassem e as canalizava para o bem daqueles que o cercavam.

Sem emoção, não temos empatia nem compaixão pelos que sofrem — aliás, é uma deficiência que caracteriza os sociopatas, por exemplo. Os Evangelhos mostram essas qualidades em Jesus: "Vendo Ele as multidões, compadeceu-se delas, porque estavam aflitas e exaustas como ovelhas que não têm pastor" (Mateus 9:36). Consegue imaginar Jesus ministrando a todo aquele povo desde manhã até a noite, alimentando-os de forma milagrosa, ensinando-lhes as verdades do evangelho, curando-os de toda espécie de doenças e libertando-os de espíritos malignos sem sentir nada por eles? Só alguém mentalmente forte e saudável, cheio de autêntica

O JESUS FRACOTE

compaixão, poderia se submeter a essa rotina estressante pelo bem alheio.

Um sinal de autenticidade é a pessoa ser capaz de expressar as próprias emoções de maneira honesta. É dessa forma que se fortalecem os relacionamentos e se promove uma comunicação mais aberta e sincera. Reprimir emoções pode prejudicar a saúde mental, ao passo que expressá-las é benéfico. Jesus nunca disfarçou suas emoções. É quase palpável sua alegria ao perceber a conversão de Zaqueu: "Hoje, houve salvação nesta casa, pois que também este é filho de Abraão" (Lucas 19:9). Quando viu a Casa de Deus transformada em local de comércio, Ele foi tomado de indignação e, "tendo feito um azorrague de cordas, expulsou todos do templo, bem como as ovelhas e os bois, derramou pelo chão o dinheiro dos cambistas, virou as mesas e disse aos que vendiam as pombas: Tirai daqui estas coisas; não façais da casa de meu Pai casa de negócio". E os discípulos lembraram-se "de que está escrito: O zelo da tua casa me consumirá" (João 2:13-17). No Getsêmani, na noite em que foi preso, Ele confidenciou aos discípulos: "A minha alma está profundamente triste até à morte" (Mateus 26:38).

Talvez o fator que mais pese na conclusão de que Jesus era um homem fraco sejam as ocasiões em que Ele chorou. Os Evangelhos mostram Jesus chorando em duas ocasiões distintas.

A primeira ocasião foi na morte de Lázaro. O texto diz apenas "Jesus chorou" (João 11:35). Há certa discussão sobre o motivo desse choro. Alguns acreditam que Ele chorou por sentir a dor e o sofrimento das pessoas ao seu redor, principalmente porque entre elas estavam as irmãs de Lázaro, Maria e Marta. Sua empatia levou-o a sentir o que os outros estavam sentindo. Outros acreditam que Jesus ficou comovido ao testemunhar o impacto devastador da morte e do luto sobre vida das pessoas. Outros ainda afirmam

149

JESUS SEM FILTRO

que Ele simplesmente se condoeu com a morte de alguém que amava. Mesmo estando prestes a ressuscitá-lo, não pôde evitar as lágrimas diante daquela cena comovente. No entanto, seja qual for o motivo pelo qual Jesus tenha chorado, sua reação diante do túmulo de Lázaro é uma demonstração inquestionável de sua humanidade e compaixão, a prova de que, mesmo com a certeza da ressurreição, o sofrimento e a dor experimentados pelo ser humano significam muito para Ele.

A segunda ocasião foi quando Ele chorou ao contemplar Jerusalém, que o havia rejeitado. Pouco antes de sua entrada triunfal na cidade, que marcaria o início da Semana da Paixão, "quando ia chegando, vendo a cidade, chorou e dizia: Ah! Se conheceras por ti mesma, ainda hoje, o que é devido à paz! Mas isto está agora oculto aos teus olhos. Pois sobre ti virão dias em que os teus inimigos te cercarão de trincheiras e, por todos os lados, te apertarão o cerco; e te arrasarão e aos teus filhos dentro de ti; não deixarão em ti pedra sobre pedra, porque não reconheceste a oportunidade da tua visitação" (Lucas 19:41-44). Jesus chorou de tristeza por ela haver rejeitado sua mensagem e pela destruição profetizada por Ele, que se cumpriria no ano 70, quando Tito, general e imperador romano, cercou a cidade e a tomou, como consequência dessa rejeição.

Em Hebreus 5:7, lemos que Jesus, em suas orações e súplicas, se expressava "com forte clamor e lágrimas". Isso indica que Ele não chorou só nas duas ocasiões comentadas acima. Sua trajetória terrena foi marcada por compaixão, dor e lágrimas. Ao contrário da crença popular de que "homem não chora", o choro de um homem não é sinal de fraqueza, e sim de autenticidade e saúde emocional. De acordo com a psicologia, a ideia de que "homem não chora" está associada a normas sociais e culturais que limitam a expressão emocional masculina, o que não deixa

150

O JESUS FRACOTE

de ser uma forma de repressão aos sentimentos. Reprimir o choro pode ser prejudicial e provocar distúrbios emocionais, problemas de saúde mental e até transtornos de ansiedade e depressão. Conclusão: um homem que chora demonstra ser emocionalmente saudável. O choro não diminui sua masculinidade, muito menos o caracteriza como fraco. Jesus chorava porque era um homem normal e emocionalmente equilibrado. Portanto, a ideia de que Ele era fraco porque chorava não se sustenta diante dos fatos narrados nos Evangelhos nem quando os submetemos ao escrutínio da psicologia.

Sua aparente covardia

Outro argumento de peso contra a suposta fraqueza de Jesus é sua oração no Getsêmani: "Pai, se queres, passa de mim este cálice" (Lucas 22:42a). Para aqueles que o julgam um fracote, essa parece ser a prova definitiva. Afinal, alguém que veio para salvar a humanidade, que exigia de seus seguidores que perseverassem até o fim (Mateus 24:13), estava pensando em desistir de sua missão! Como poderia Ele ser um exemplo de força, em quem se podia confiar de maneira incondicional?

Chega a ser cruel concluir que Jesus orou ao Pai dessa maneira por ser covarde ou por não levar sua missão a sério! Ele não tinha ilusões quanto ao sofrimento físico que o aguardava. Tanto que até alertou seus discípulos sobre a necessidade de que "o Filho do Homem sofra muitas coisas, seja rejeitado pelos anciãos, pelos principais sacerdotes e pelos escribas; seja morto e, no terceiro dia, ressuscite" (Lucas 9:22). E quem tentou dissuadi-lo foram os outros, ideia que Ele rejeitou com veemência (Marcos 8:32-33).

Além da tortura física e da morte dolorosa na cruz, pesava sobre os ombros de Jesus o fardo de todos os pecados do mundo.

Não é difícil deduzir que a angústia e a pressão dessa responsabilidade o preocupavam muito mais. Como ser humano, é óbvio que Ele preferia evitar beber esse cálice, se fosse possível. Mas Ele sabia que não era — e não recuou. Na verdade, fez questão de declarar quanto estava resoluto em cumprir sua missão até o fim: "Se não é possível passar de mim este cálice sem que eu o beba, faça-se a tua vontade" (Mateus 26:42). Tudo que esse texto expressa é a corajosa e inabalável opção pela obediência absoluta à vontade do Pai, sempre estaria acima dos próprios desejos (cf. João 5:19). Esse ato de submissão é um dos maiores exemplos de coragem e fé.

JESUS E SUA DIVINDADE

Jesus veio a esta terra como homem e também como Deus. O que a teologia denomina "união hipostática". Essa doutrina afirma que Jesus Cristo é plenamente Deus e plenamente homem e concentra essas duas naturezas em sua pessoa, e ambas coexistem sem se misturar ou se confundir.

Mas há também quem o acuse de não saber usar sua divindade, e a prova disso estaria em Marcos 6:5, onde é dito que Ele "não pôde fazer ali [em Nazaré, onde fora criado] nenhum milagre, senão curar uns poucos enfermos, impondo-lhes as mãos". Como um ser divino e todo-poderoso seria incapaz de realizar alguma coisa? Ele não parece aquele que as profecias do Antigo Testamento identificam como o Deus Forte (Isaías 9:6).

No entanto, a resposta é simples. Os milagres geralmente envolvem a fé do ser humano e são operados conforme a pessoa crê (Mateus 8:13; 9:29 etc.). E o relato bíblico é autoexplicativo. Jesus não realizou muitos milagres entre seus conterrâneos "por causa da incredulidade deles" (Mateus 13:58). O contexto mostra que o

O JESUS FRACOTE

povo de Nazaré não acreditava que Jesus, alguém que conheciam desde a infância, pudesse ser o Messias ou ter poderes divinos. Eles o viam apenas como "o carpinteiro" (Marcos 6:3), e o ceticismo dos nazarenos restringiu a manifestação dos milagres, pois Jesus não encontrou ali uma resposta positiva de fé por parte deles.

Além disso, o poder que emanava de sua divindade pode ser constatado nas diversas ocasiões em que Ele esteve em confronto com os espíritos malignos, como no caso do homem possuído na sinagoga de Cafarnaum, que ao vê-lo exclamou: "Bem sei quem és: o Santo de Deus!". O mesmo aconteceu com os endemoninhados gadarenos (ou gerasenos), de quem Ele expulsou uma legião. Os demônios o reconheceram como "Filho do Deus Altíssimo" (Marcos 5:8). Nesses e nos demais confrontos com o reino das trevas, nenhum espírito maligno foi capaz de lhe resistir.

Certo dia, Jesus entrou em um barco com os discípulos, e quando estavam no meio do mar foram apanhados por uma violenta tempestade. E, enquanto os discípulos lutavam para manter a estabilidade do barco, Jesus estava dormindo! Apavorados, ao perceber que era humanamente impossível sobreviver à fúria da tormenta, eles foram acordar o Mestre: "Senhor, salva-nos! Perecemos!" (Mateus 8:25). Jesus então repreendeu o vento e o mar, e a tempestade foi embora! Diante de tamanha demonstração de poder, os discípulos diziam entre si: "Quem é este que até os ventos e o mar lhe obedecem?". Jesus era tão forte e tão poderoso que comandava até a criação. E podia fazer isso porque é o Criador. Todas as coisas que existem foram criadas por um Deus todo--poderoso chamado Jesus Cristo (João 1:1-3).

O próprio Jesus tomou para si o nome de Deus — o Eu Sou, o nome de Deus revelado a Moisés (Êxodo 3), o famoso tetragrama sagrado, YHWH. Ele assume sua identidade divina nestas declarações:

- "Eu sou o pão da vida" (João 6:35).
- "Eu sou a luz do mundo" (João 8:12).
- "Eu sou a porta" (João 10:9).
- "Eu sou o bom pastor" (João 10:14).
- "Eu sou a ressurreição e a vida" (João 11:26).
- "Eu sou o caminho, e a verdade, e a vida" (João 14:6).
- "Eu sou a videira verdadeira" (João 15:1).

Como "o Alfa e o Ômega, o Princípio e o Fim" (Apocalipse 21:6) pode ser considerado um Deus fracote? Nada começou sem a pessoa de Jesus. Ele é eterno, sem início nem fim. Tudo que existe é por causa de sua vontade. É o que os 24 anciãos declaram diante de seu trono no céu: "Tu és digno, Senhor e Deus nosso, de receber a glória, a honra e o poder, porque todas as coisas tu criaste, sim, por causa da tua vontade vieram a existir e foram criadas" (Apocalipse 4:11). Para não deixar dúvidas, o próprio Jesus declara: "Eu sou [...] o Todo-poderoso" (Apocalipse 1:8). Foi ao reconhecer esse poder que Jó declarou: "Bem sei que tudo podes, e nenhum dos teus planos pode ser frustrado" (Jó 42:2). Quando Ele entra em ação, não há força na terra capaz de detê-lo, como foi revelado ao profeta: "Agindo eu, quem o impedirá?" (Isaías 43:13).

JESUS, UM HOMEM CORAJOSO

Não bastassem todas essas alegações equivocadas sobre Jesus, o próprio relato dos Evangelhos o apresenta como um homem intrépido, cuja coragem é demonstrada em várias ocasiões. Basta lembrar o episódio, já citado, em que Ele, indignado, "tendo [...] entrado no templo, expulsou todos os que ali vendiam e compravam; também derribou as mesas dos cambistas e as cadeiras dos que vendiam pombas" (Mateus 21:12). Um verdadeiro mercado

O JESUS FRACOTE

fora estabelecido no templo (como se vê em muitas igrejas hoje), com o aval das autoridades religiosas, contra as quais o povo não ousava protestar. Os judeus que vinham de longe oferecer seus sacrifícios tinham de se submeter também ao pagamento de valores exorbitantes pelos animais e taxas de câmbio extorsivas. Só um homem teve coragem de tomar uma atitude contra aquele vergonhoso esquema de lucros.

Os representantes do poder religioso da época eram admirados e até mesmo temidos pelo povo, especialmente os fariseus, que ocupavam posições de liderança nas sinagogas e exerciam enorme influência sobre a vida religiosa dos judeus. Eles eram respeitados pela sua devoção e zelo na observância da Lei. E, pela mesma razão, eram temidos pelo povo, pois estava nas mãos desses religiosos determinar quem agia em conformidade com a Lei e quem a violava, de modo que detinham o poder da exclusão social e religiosa dos infratores. Todo esse controle fazia com que muitos os temessem, por receio de serem condenados ou vistos como pecadores. Naturalmente, ninguém tinha coragem de apontar o dedo para nenhum desses poderosos guardiães da Lei.

Ninguém, exceto Jesus. Sem temer a perseguição, que de fato ocorreu e foi se intensificando até sua condenação à morte, Ele denunciou publicamente a hipocrisia e as atitudes condenáveis daqueles homens poderosos. O que declarou a respeito deles, nenhum outro judeu de sua época teria coragem de dizer. Vejamos algumas dessas declarações:

> Ai de vós, escribas e fariseus, hipócritas, porque fechais o reino dos céus diante dos homens; pois vós não entrais, nem deixais entrar os que estão entrando! [Ai de vós, escribas e fariseus, hipócritas, porque devorais as casas das viúvas e, para o justificar, fazeis longas orações; por isso, sofrereis juízo muito mais severo!] Ai de vós,

155

JESUS SEM FILTRO

escribas e fariseus, hipócritas, porque rodeais o mar e a terra para fazer um prosélito; e, uma vez feito, o tornais filho do inferno duas vezes mais do que vós! [...] Ai de vós, escribas e fariseus, hipócritas, porque limpais o exterior do copo e do prato, mas estes, por dentro, estão cheios de rapina e intemperança! Fariseu cego, limpa primeiro o interior do copo, para que também o seu exterior fique limpo! Ai de vós, escribas e fariseus, hipócritas, porque sois semelhantes aos sepulcros caiados, que, por fora, se mostram belos, mas interiormente estão cheios de ossos de mortos e de toda imundícia! (Mateus 23:13-15,25-27).

Bem profetizou Isaías a respeito de vós, hipócritas, como está escrito: Este povo honra-me com os lábios, mas o seu coração está longe de mim (Marcos 7:6).

Um homem fraco seria capaz de fazer tais acusações? Depois de ser preso, quando o sumo sacerdote Anás o interrogou acerca de seus discípulos e da doutrina que pregava, Jesus respondeu: "Eu tenho falado francamente ao mundo; ensinei continuamente tanto nas sinagogas como no templo, onde todos os judeus se reúnem, e nada disse em oculto. Por que me interrogas? Pergunta aos que ouviram o que lhes falei; bem sabem eles o que eu disse". Tamanha ousadia lhe rendeu uma bofetada. Perante Pilatos, Ele deixou o governador admirado quando resolveu fazer silêncio diante dos crimes de que o acusavam (Mateus 27:11-14).

No entanto, a maior prova de sua coragem foi a determinação de cumprir a missão que o Pai lhe confiara, a despeito do alto preço a pagar: o próprio sangue (1Pedro 1:18-21). Mas Ele foi "obediente até à morte e morte de cruz" (Filipenses 2:8).

Para resumir, Jesus é que deveria ser temido, porque Deus separou um dia para julgar a terra, e será Ele quem voltará para julgar os homens (Atos 17:31). Ele virá com todo o seu poder para julgar os ímpios e galardoar seus servos (Apocalipse 11:15-19). Ele veio a esta terra como Cordeiro, mas voltará como o Leão da tribo de Judá. Pois "aquele que foi manifestado na carne foi justificado em espírito, contemplado por anjos, pregado entre os gentios, crido no mundo, recebido na glória" (1Timóteo 3:16). Só Deus muito poderoso pode vir com toda essa força e glória!

Ainda assim, sua humildade e aparente fraqueza estavam longe de ser sinais de impotência. Pelo contrário, eram reflexos do seu domínio completo sobre sua missão e sua obediência ao Pai. Jesus não se esquivou da dor ou do sacrifício, mas os abraçou com a convicção de que esses momentos serviriam a um propósito maior. Ele sabia que sua ressurreição traria a vitória final, desmantelando qualquer ilusão de que a fraqueza humana poderia limitar a divindade.

Além disso, a verdadeira força de Jesus não foi revelada apenas nos grandes milagres ou confrontos com líderes religiosos. Sua maior demonstração de poder estava em sua capacidade de suportar a humilhação, a traição e a cruz, mantendo-se firme em sua missão de redenção. A força que Ele manifestou foi a de alguém que, mesmo possuindo todo o poder, escolheu o caminho da submissão ao plano do Pai, mostrando que a verdadeira força está em fazer a vontade divina, não em buscar glória pessoal.

Portanto, desconsiderar Jesus como fraco ou incapaz de exercer influência profunda sobre seus seguidores é ignorar o fato de que Ele revolucionou o mundo através de sua entrega. Ele mostrou que a força verdadeira não é medida em termos de poder terreno, mas sim em termos de transformação espiritual e eterna, algo que nenhuma fraqueza aparente poderia impedir.

EMBORA JESUS SEJA APRESENTADO NOS EVANGELHOS COMO UM SER HUMANO NORMAL, COM SUAS LIMITAÇÕES FÍSICAS, COMO O CANSAÇO, A FOME E A SEDE, E QUE DEIXAVA TRANSPARECER SUAS EMOÇÕES, RETRATÁ-LO COMO UM HOMEM FRACO É UMA SIMPLIFICAÇÃO EQUIVOCADA E INJUSTA DE SUA FIGURA. ESSAS CARATERÍSTICAS TÃO HUMANAS ERAM APENAS A PROVA DA AUTENTICIDADE DE SUA ENCARNAÇÃO. DEVEMOS LEMBRAR QUE

ELE TAMBÉM ERA DEUS E EXERCEU AUTORIDADE SOBRE DOENÇAS, DEMÔNIOS E ELEMENTOS NATURAIS. ALÉM DISSO, COMO HOMEM, TEVE CORAGEM DE DESAFIAR OS *STATUS QUO* RELIGIOSO DE SUA ÉPOCA E CUMPRIR SUA MISSÃO NESTA TERRA. ELE FOI O MAIS PODEROSO DE TODOS OS SERES HUMANOS! O FILTRO DE FRACO, PORTANTO, DEVE SER RECHAÇADO COMO HERESIA E COMBATIDO PELOS QUE CREEM NO JESUS DA BÍBLIA.

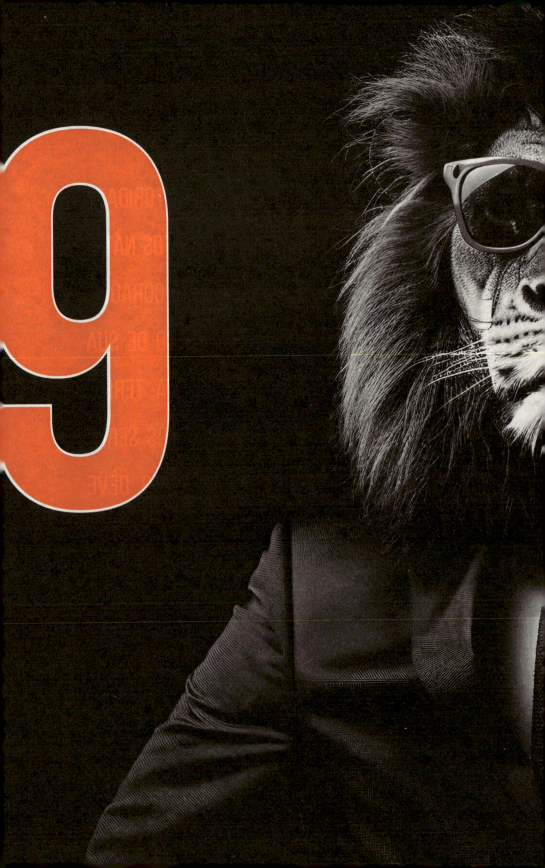

O JESUS
FANTOCHE

FANTOCHE

JESUS É ÀS VEZES RETRATADO como um fantoche ou uma marionete nas mãos de forças externas, um homem sem muita personalidade, uma espécie de fantoche, um barquinho sem leme que navegava ao sabor do vento dos desejos alheios. Estava sempre à disposição de qualquer um que precisasse dele, pronto a atender a qualquer desejo, como o gênio da lâmpada naquelas histórias antigas. Como rabino, em vez de servir os discípulos, Ele é quem os servia, chegando ao cúmulo de lhes lavar os pés! Ele também ensinava uma doutrina estranha, de que o maior era o menor e o verdadeiro líder era servo. Até mesmo ao se submeter à cruz parecia não estar fazendo a própria vontade. E a grande dúvida dos que o veem assim é: como alguém tão manipulável pode ser o líder do cristianismo ou, mais espantoso ainda, o Filho de Deus?

Visto por esse filtro, Jesus parecia um ser subserviente, incapaz de se impor e incapaz de fazer o que desejava. Ele mesmo declarou que não viera fazer a vontade dele próprio, mas a vontade do Pai. A vontade dele não podia ser feita porque era o Pai quem mandava nele. Ele não tinha poder nesta terra nem para resolver o problema da maldade do mundo. Perceba hoje também: todas as iniquidades do mundo continuam aí, e Ele não faz nada para resolvê-las. Ele quer salvar todos os homens, mas eles precisam querer ser salvos. Assim, continua na mão das pessoas.

No julgamento que o levou à cruz, Ele parecia uma bolinha de pingue-pongue, jogado para lá e para cá pelas autoridades religiosas e políticas. Antes disso, Ele foi cuspido, recebeu uma coroa de espinhos e foi preterido pela multidão, que decidiu condená-lo e libertar Barrabás. Parece que sua vida e sua morte foram decididas pelos outros.

Mais uma vez, como temos provado até aqui, os filtros da sociedade não conseguem captar a essência da pessoa de Jesus. O foco é parcial, seletivo, e não expressa a totalidade de quem Cristo era e do que Ele fez. Apesar da clareza do texto bíblico, suas ações e atitudes são mal interpretadas e acabam por apresentar uma imagem distorcida do Filho de Deus. Foi assim que um Deus soberano, o Salvador da humanidade, tornou-se um ser subserviente e limitado. Vamos desfazer esses equívocos de uma vez por todas.

JESUS É SOBERANO, NÃO SUBSERVIENTE

Jesus era homem, mas também era Deus. E sua humanidade não poderia entrar em choque com seu caráter divino. Por isso que Ele era totalmente humano, "mas sem pecado" (Hebreus 4:13), porque Deus não peca. Da mesma forma, Deus é soberano, por isso não poderia apresentar um lado humano sem vontade própria. Ao pensarmos no Jesus na natureza humana de Jesus, devemos também levar em conta sua natureza divina, porque elas são inseparáveis. E bastam uns poucos versículos para termos uma boa noção do que significa essa soberania:

Bem sei que tudo podes, e nenhum dos teus planos pode ser frustrado (Jó 42:2).

Nos céus, estabeleceu o Senhor o seu trono, e o seu reino domina sobre tudo (Salmos 103:19).

> No céu está o nosso Deus e tudo faz como lhe agrada (Salmos 115:3).

> Tudo quanto aprouve ao Senhor, Ele o fez, nos céus e na terra, no mar e em todos os abismos (Salmos 135:6).

Deus tem controle absoluto sobre todas as coisas, sem limitação de poder ou de autoridade. O texto de Jó expressa claramente essa verdade ao afirmar que nenhum de seus planos pode ser frustrado: sua vontade é suprema e sempre será cumprida. Deus não está restrito a circunstâncias, a forças externas ou à vontade humana. Ele pode realizar tudo que deseja, porque seu poder é ilimitado.

Os versículos de Salmos reforçam a ideia de que Deus age de acordo com sua vontade em todas as esferas da existência: no céu, na terra, no mar e nas profundezas. Ele é absolutamente livre para fazer o que lhe agrada, e tudo que acontece — mesmo os fatos mais insignificantes — está dentro de seu propósito.

Em Romanos 11:34, Paulo pergunta: "Quem, pois, conheceu a mente do Senhor? Ou quem foi o seu conselheiro?". A resposta óbvia é: "Ninguém". Ele não toma conselho de ninguém. Não é um fantoche. Não espera alguém querer algo ou tomar alguma decisão. Ele é o Agente. Desse modo, o apóstolo conclui: "Porque dele, e por meio dele, e para Ele são todas as coisas" (v. 36).

Cabe então aqui outra pergunta: como imaginar o Deus encarnado, em alguma circunstância, servindo de fantoche para os homens e de joguete na mão dos políticos ou incapaz de fazer alguma coisa? O Filho de Deus feito carne em momento algum abdicou de sua soberania. Até mesmo seus atos de serviço e sua aparente submissão eram parte de seu plano, elaborado de forma soberana. Tudo que Ele fez nesta terra foi decisão dele.

JESUS SEM FILTRO

JESUS DECIDIA QUANDO E A QUEM AJUDAR

No episódio que culminou no primeiro milagre de Jesus (a transformação de água em vinho, João 2:1-11), Ele parece simplesmente ceder ao pedido de sua mãe, como se fosse incapaz de contrariá-la, mesmo que antes tenha dito: "Mulher, que tenho eu contigo? Ainda não é chegada a minha hora" (v. 4). Parece aquele caso em que alguém a princípio diz "não", mas é tão dominado pela outra pessoa que acaba fazendo o que ela deseja. Não é o caso de Jesus. Não seriam sua mãe nem seus discípulos, tampouco os convidados da festa, que determinariam o momento de Ele se revelar. Ele se revelou nesse momento porque julgou ser o mais apropriado. Simples assim.

Além disso, os Evangelhos registram pedidos aos quais Jesus se negou a atender. Talvez o exemplo mais conhecido seja o da mãe de Tiago e João:

> Chegou a Ele a mulher de Zebedeu, com seus filhos, e, adorando-o, pediu-lhe um favor. Perguntou-lhe Ele: Que queres? Ela respondeu: Manda que, no teu reino, estes meus dois filhos se assentem, um à tua direita, e o outro à tua esquerda. Mas Jesus respondeu: Não sabeis o que pedis. Podeis vós beber o cálice que eu estou para beber? Responderam-lhe: Podemos. Então, lhes disse: Bebereis o meu cálice; mas o assentar-se à minha direita e à minha esquerda não me compete concedê-lo; é, porém, para aqueles a quem está preparado por meu Pai (Mateus 20:20-23).

O fato é que o pedido, na verdade, partiu dos próprios irmãos — a mãe deles teria servido apenas de intermediária. Tanto é que os demais discípulos, quando souberam disso, ficaram indignados com Tiago e João, não com ela. Aliás, o texto paralelo de

O JESUS FANTOCHE

Marcos 10:35-45 diz que os autores do pedido foram Tiago e João (não há contradição aqui: Marcos apenas omite a intermediação da mãe dos discípulos). Isso reforça a ideia de que Jesus tinha plena autonomia para atender aos pedidos que lhe fizesse, porque os dois discípulos eram sem dúvida mais próximos dele que a "mulher de Zebedeu".

Outro pedido que Jesus se recusou a atender foi quando "um homem que estava no meio da multidão lhe falou: Mestre, ordena a meu irmão que reparta comigo a herança. Mas Jesus lhe respondeu: Homem, quem me constituiu juiz ou partidor entre vós?" (Lucas 12:13-14). Na Palestina dos tempos de Jesus, as pessoas costumavam levar suas disputas pessoais perante os rabinos. Jesus, porém, não se envolvia em assuntos relacionados com dinheiro. E, talvez só para demonstrar que Ele não tinha interesse nem vontade de resolver esse tipo de problema, Lucas registrou o caso de alguém que estava tendo problemas com um irmão na partilha dos bens de uma herança. Qualquer rabino teria dado um veredicto sobre a questão, porém Jesus não quis se pronunciar sobre o caso. Sua missão na terra era conduzir os homens a Deus, não se envolver com disputas sobre bens materiais.

As próprias pessoas que recorriam a Jesus em busca da solução de algum problema reconheciam que a decisão estava nas mãos dele, que não estavam diante de alguém obrigado a cumprir qualquer desejo. Foi o caso do leproso que, "tendo-se aproximado, adorou-o, dizendo: Senhor, se quiseres, podes purificar-me. E Jesus, estendendo a mão, tocou-lhe, dizendo: Quero, fica limpo! E imediatamente ele ficou limpo da sua lepra" (Mateus 8:2-3). "Se quiseres [...]. Quero" — o leproso entende que só será curado se essa for a vontade de Jesus, e Ele expressa a vontade de curá-lo. Não há nenhuma exigência aqui. Jesus curou o homem porque quis.

167

JESUS SEM FILTRO

Jesus não veio a este mundo com a obrigação de satisfazer desejos humanos. Tudo fazia parte de um programa elaborado nos conselhos eternos, conforme anunciado nas profecias do Antigo Testamento:

> O Espírito do SENHOR Deus está sobre mim, porque o SENHOR me ungiu para pregar boas-novas aos quebrantados, enviou-me a curar os quebrantados de coração, a proclamar libertação aos cativos e a pôr em liberdade os algemados; a apregoar o ano aceitável do SENHOR e o dia da vingança do nosso Deus; a consolar todos os que choram (Isaías 61:1-2).

Jesus confirmou o que fora predito pelo profeta Isaías durante um culto na sinagoga em Nazaré (Lucas 4:18-21). E, certo dia, quando alguns discípulos de João Batista que vieram lhe perguntar se Ele era mesmo o Messias, "naquela mesma hora, curou Jesus muitos de moléstias, e de flagelos, e de espíritos malignos; e deu vista a muitos cegos. Então, Jesus lhes respondeu: Ide e anunciai a João o que vistes e ouvistes: os cegos veem, os coxos andam, os leprosos são purificados, os surdos ouvem, os mortos são ressuscitados, e aos pobres, anuncia-se-lhes o evangelho" (Lucas 7:21-22). Ele não estava com tudo isso cumprindo nenhuma imposição humana. Tudo que Ele fazia — curas, milagres, proclamação do reino de Deus — era parte do programa divino desde os tempos eternos, quando a humanidade nem sonhava em existir.

JESUS DECIDIU SOBRE SUA MORTE

Quem lê a história da paixão de Cristo nos Evangelhos sem entender o propósito de sua vinda ao mundo pode ter a sensação de que Ele foi incapaz de reagir diante dos que o prenderam, julgaram

O JESUS FANTOCHE

e mataram. Ele não ofereceu nenhuma resistência ao ser preso no jardim do Getsêmani. Depois foi enviado ao Sinédrio para ser julgado. Em seguida, levaram-no a Pilatos, que o enviou a Herodes, que por sua vez o devolveu a Pilatos, que por fim o entregou para ser crucificado. Mas a verdade é que tudo isso aconteceu porque Ele quis.

ELE FOI PRESO PORQUE QUIS

No momento em que Judas apareceu no Getsêmani com o grupo de homens armados para prender Jesus, Pedro sacou da espada e cortou-lhe a orelha de Malco, servo do sumo sacerdote, porém Ele imediatamente repreendeu o discípulo e ainda colou a orelha do homem no lugar. E disse a Pedro: "Acaso, pensas que não posso rogar a meu Pai, e Ele me mandaria neste momento mais de doze legiões de anjos? Como, pois, se cumpririam as Escrituras, segundo as quais assim deve suceder?" (Mateus 26:53-54). Para que se cumprissem as Escrituras, Ele *precisava* ser preso. E só por isso o prenderam.

ELE FOI JULGADO PORQUE QUIS

Jesus sabia que iria padecer nas mãos das autoridades (cf. Lucas 19:22). Para chegar à cruz, Ele teria de passar tanto pelo julgamento religioso quanto pelo julgamento civil.

Perante o Sinédrio, Jesus se manteve em silêncio diante das falsas testemunhas que o acusavam, mas por fim fez uma declaração ousada: "Desde agora, vereis o Filho do Homem assentado à direita do Todo-poderoso e vindo sobre as nuvens do céu". Ele estava ciente de que sua declaração seria tomada como blasfêmia, e assim aconteceu.

Na presença de Pilatos, Jesus também manteve silêncio diante das acusações dos líderes religiosos, e o governador tentou intimidá-lo: "Não me respondes? Não sabes que tenho autoridade para te soltar e autoridade para te crucificar?". E então Jesus retrucou: "Nenhuma autoridade terias sobre mim, se de cima não te fosse dada" (João 19:10-11). E como Ele era "de cima", estava na verdade querendo dizer: "Só estou aqui porque quero estar".

ELE MORREU PORQUE QUIS

À medida que o ministério de Jesus ia ganhando destaque, a perseguição contra Ele se intensificou, e os líderes religiosos trataram logo de planejar sua morte (Mateus 12:14; João 5:18). Mas eles só obtiveram êxito na hora determinada, conforme Ele quis. No dia em que Jesus declarou na sinagoga de Nazaré que viera cumprir as profecias do Antigo Testamento, ou seja, que Ele era Messias, seus conterrâneos "levantando-se, expulsaram-no da cidade e o levaram até ao cimo do monte sobre o qual estava edificada, para, de lá, o precipitarem abaixo. Jesus, porém, passando por entre eles, retirou-se" (Lucas 4:29-30).

Nem mesmo a morte de Jesus foi decidida por outros homens. Ele foi voluntário para a cruz, conforme declarou: "Eu dou a minha vida para a reassumir. Ninguém a tira de mim; pelo contrário, eu espontaneamente a dou. Tenho autoridade [como Deus todo-poderoso] para a entregar e também para reavê-la. Este mandato recebi de meu Pai" (João 10:17-18).

Todo o processo de perseguição, prisão, julgamento e condenação à morte faziam parte de uma engrenagem, de um plano soberano. Tudo que acontece e envolve esta terra está sob o governo de Deus. Portanto, não foram os judeus nem os romanos que decidiram a hora em que Jesus iria morrer. Ele morreu porque quis e quando quis.

JESUS E A LIDERANÇA DE SERVO

Certa ocasião, Jesus disse aos seus discípulos:

> Sabeis que os governadores dos povos os dominam e que os maiorais exercem autoridade sobre eles. Não é assim entre vós; pelo contrário, quem quiser tornar-se grande entre vós, será esse o que vos sirva; e quem quiser ser o primeiro entre vós será vosso servo; tal como o Filho do Homem, que não veio para ser servido, mas para servir e dar a sua vida em resgate por muitos (Mateus 20:25-28).

Esse conceito é revolucionário, pois consiste em uma inversão radical dos padrões de poder e de autoridade existentes no mundo. Em vez de seguir o modelo convencional de liderança, segundo o qual os governantes e líderes tentam exercer domínio e impor autoridade sobre os liderados, Jesus apresenta um novo paradigma: a verdadeira grandeza está em servir, não em ser servido. O modelo de liderança vigente é baseado em poder, controle e hierarquia, e a autoridade é exercida para benefício dos que estão no topo da pirâmide.

No entanto, Jesus subverteu essa ideia: no reino de Deus, a liderança é caracterizada pelo serviço ao próximo: "Quem quiser tornar-se grande entre vós, será esse o que vos sirva" (v. 26). Isso implica que a grandeza não está associada ao poder, mas à disposição de servir. O líder-servo é caracterizado pela humildade, pelo cuidado e pelo compromisso com o bem-estar alheio. O modelo de liderança proposto por Jesus envolve a priorização do outro e uma dedicação que pode chegar ao sacrifício (cf. João 10:11) — não há lugar para a busca de reconhecimento nem para a tentativa de controle.

O próprio Jesus é o exemplo máximo desse tipo de liderança. Ele afirma que o líder cristão deve ser "como o Filho do Homem, que não veio para ser servido, mas para servir e dar a sua vida em resgate por muitos" (v. 28). O serviço de Jesus não foi meramente simbólico: Ele exerceu a liderança de ser na prática até o ponto do sacrifício na cruz para salvar a humanidade. O ato de "dar a sua vida em resgate" exemplifica o compromisso total de Jesus com seus seguidores, a ponto de se sacrificar por eles. No reino de Deus, os líderes são chamados para servir dessa forma, e os apóstolos deram exemplo de humildade e sacrifício.

Paulo muitas vezes se descreve como servo, em posição de humildade e serviço a favor das igrejas que fundou e pastoreou. Em 1Coríntios 9:19, ele declara: "Sendo livre de todos, fiz-me escravo de todos, a fim de ganhar o maior número possível". Ele renunciou à própria liberdade para servir aos outros com o objetivo de alcançar mais pessoas para Cristo. Em outra de suas cartas, ele afirma sua disposição de servir e se sacrificar pelo bem da fé alheia: "Mesmo que seja eu oferecido por libação sobre o sacrifício e serviço da vossa fé, alegro-me e, com todos vós, me congratulo" (Filipenses 2:17).

Pedro também ensina a importância da liderança de servo, especialmente no contexto de pastoreio: "Pastoreai o rebanho de Deus que há entre vós, não por constrangimento, mas espontaneamente, como Deus quer; nem por sórdida ganância, mas de boa vontade; nem como dominadores dos que vos foram confiados, antes, tornando-vos modelos do rebanho" (1Pedro 5:2-3). Ele exorta os líderes da igreja a pastorear não com autoritarismo ou por interesses pessoais, mas com a atitude de servo, sendo exemplos para o rebanho, como Cristo foi.

Como se pode ver, a liderança de servo não é reflexo de uma personalidade fraca ou manipulável, mas de tomar um caminho coerente com os princípios do reino de Deus, que prima pela humildade e pelo bem do próximo. É um modelo de liderança que só os mais corajosos conseguem adotar.

JESUS NÃO RECEBE ORDENS: ELE DÁ ORDENS

Lamentavelmente, até as igrejas, principalmente aquelas que adotaram a teologia da prosperidade, foram contaminadas com a ideia de que tudo que ordenarem aqui na terra Deus tem a obrigação de fazer lá no céu.

"Compre um chaveiro ungido, e Deus lhe dará um carro novo"; "Doe o dinheiro do aluguel para a igreja, e Deus lhe dará uma casa própria" — fórmulas desse tipo, inventadas por lobos vorazes, que "devoram as casas das viúvas" (Mateus 23:14), passam ao povo a impressão de que Deus, "o dono da prata e do ouro", pode ser controlado ou comprado com dinheiro.

"Declare o que você quer, e assim acontecerá", garantem os mesmos líderes, como se Deus estivesse obrigado a conceder o que desejamos sob falsas afirmações de fé. Jesus está à direita do Pai para convencê-lo a atender todas as nossas exigências. Exemplos como esses mostram que até a igreja está se deixando levar pela concepção do Jesus fantoche.

No entanto, Jesus não recebe ordens da igreja: Ele é quem diz o que a igreja deve fazer. Essa verdade está muito bem estabelecida em Apocalipse 2 e 3, nas cartas de Jesus às igrejas da Ásia:

- Éfeso: "Tenho [...] contra ti que abandonaste o teu primeiro amor. Lembra-te, pois, de onde caíste, arrepende-te e volta à prática das primeiras obras; e, se não, venho a ti e moverei do seu lugar o teu candeeiro, caso não te arrependas" (2:4-5).
- Esmirna: "Sê fiel até à morte, e dar-te-ei a coroa da vida" (2:10).

- Pérgamo: "Tenho [...] contra ti algumas coisas, pois que tens aí os que sustentam a doutrina de Balaão, o qual ensinava a Balaque a armar ciladas diante dos filhos de Israel para comerem coisas sacrificadas aos ídolos e praticarem a prostituição. Outrossim, também tu tens os que da mesma forma sustentam a doutrina dos nicolaítas. Portanto, arrepende-te" (2:14-16).
- Tiatira: "Tenho [...] contra ti o tolerares que essa mulher, Jezabel, que a si mesma se declara profetisa, não somente ensine, mas ainda seduza os meus servos a praticarem a prostituição e a comerem coisas sacrificadas aos ídolos. [...] Matarei os seus filhos, e todas as igrejas conhecerão que eu sou aquele que sonda mentes e corações, e vos darei a cada um segundo as vossas obras" (2:20,23).
- Sardes: "Lembra-te [...] do que tens recebido e ouvido, guarda-o e arrepende-te. Porquanto, se não vigiares, virei como ladrão, e não conhecerás de modo algum em que hora virei contra ti" (3:3).
- Filadélfia: "Conserva o que tens, para que ninguém tome a tua coroa" (3:11).
- Laodiceia: "Aconselho-te que de mim compres ouro refinado pelo fogo para te enriqueceres, vestiduras brancas para te vestires, a fim de que não seja manifesta a vergonha da tua nudez, e colírio para ungires os olhos, a fim de que vejas. Eu repreendo e disciplino a quantos amo. Sê, pois, zeloso e arrepende-te" (3:18-19).

Todas essas ordens e recomendações lhe parecem partir de alguém dominado pela igreja? De alguém que se curva à vontade qualquer um que lhe ofereça dinheiro? De alguém teleguiado por falsas declarações de fé? Ou são próprias de alguém que recebeu "toda a autoridade no céu e na terra" (Mateus 28:18)?

JESUS DESEJA E PODE SALVAR QUALQUER UM

Um dos textos utilizados para demonstrar a suposta incapacidade de Jesus para salvar o ser humano é Gênesis 4:7, quando Deus diz a Caim: "Se procederes bem, não é certo que serás aceito? Se, todavia, procederes mal, eis que o pecado jaz à porta; o seu desejo será contra ti, mas a ti cumpre dominá-lo". É como se Ele jogasse a responsabilidade da salvação sobre o próprio homem, por não ter condições de salvá-lo. No entanto, Deus é nossa única fonte de salvação, como afirmam estas passagens:

> Do SENHOR é a salvação, e sobre o teu povo, a tua bênção (Salmos 3:8).

> Ao SENHOR pertence a salvação! (Jonas 2:9).

> Tudo me foi entregue por meu Pai. Ninguém conhece o Filho, senão o Pai; e ninguém conhece o Pai, senão o Filho e aquele a quem o Filho o quiser revelar (Mateus 11:27).

Os Evangelhos falam ainda dos que "não nasceram do sangue, nem da vontade da carne, nem da vontade do homem, mas [da vontade] de Deus" (João 1:13). O texto de Mateus revela algo importantíssimo sobre o assunto: Jesus é soberano até na salvação — e glória a Deus por isso! Se Deus fosse um fantoche na mão do ser humano, quem seria salvo? Paulo, no entanto, lembra-nos de que "Ele vos deu vida, estando vós mortos nos vossos delitos e pecados" (Efésios 2:1). A salvação é uma ação exclusiva de Deus a nosso favor. Caso contrário, estaríamos mortos, ou seja, não conseguiríamos agradar a Deus, nem optar por Ele, e estaríamos fadados ao pecado e à destruição eterna. Mas Ele nos chamou e nos salvou pela sua soberana vontade.

A VISÃO DO JESUS FANTOCHE DESCONSIDERA SUA AUTENTICIDADE E INTEGRIDADE DE JESUS COMO FIGURA HISTÓRICA E ESPIRITUAL. EMBORA TENHA ENFRENTADO PRESSÕES E OPOSIÇÕES DURANTE SUA VIDA, JESUS PERMANECEU FIEL À SUA MISSÃO E AOS SEUS ENSINAMENTOS E NUNCA SE SUBMETEU À MANIPULAÇÃO OU AO CONTROLE DE QUEM QUER QUE SEJA.

A PÁ DE CAL SOBRE ESSAS ALEGAÇÕES É APO-CALIPSE 5 E 6, QUE MOSTRA JESUS ABRINDO "UM LIVRO ESCRITO POR DENTRO E POR FORA, DE TODO SELADO COM SETE SELOS", QUANDO ENTÃO SERIAM POSTOS OS PLANOS DE DEUS PARA A HUMANIDADE. O TEXTO AFIRMA QUE "O LEÃO DA TRIBO DE JUDÁ, A RAIZ DE DAVI, VENCEU PARA ABRIR O LIVRO E OS SEUS SETE SELOS" (5:5). SÓ UM SER SOBERANO E TODO-PODEROSO ESTARIA HABILITADO PARA ESSA TAREFA.

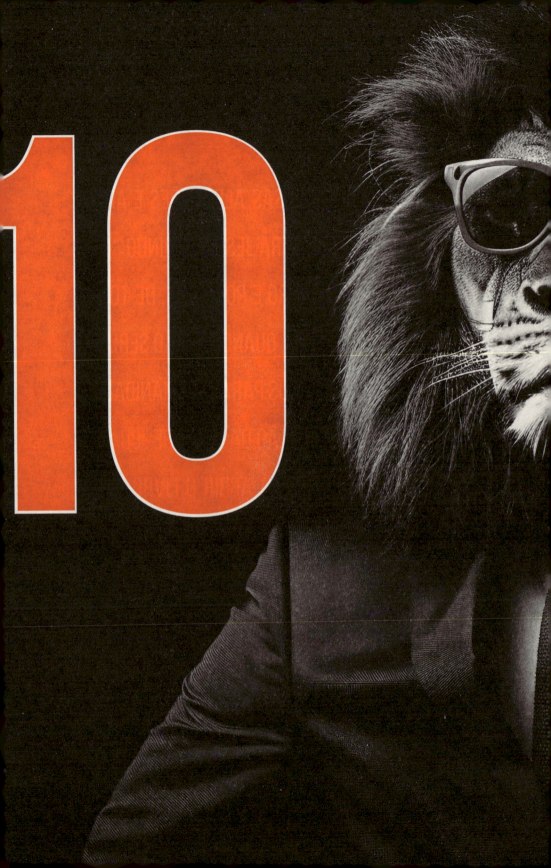

O JESUS
"DE BOA"

HÁ UMA INTERPRETAÇÃO DESCONTRAÍDA de Jesus, na qual Ele é visto como alguém relaxado, tranquilo, que encara a vida com absoluta serenidade e tem a capacidade de lidar com situações difíceis com leveza e bom humor, sempre transmitindo uma mensagem de paz e equilíbrio. Essa visão afirma que podemos ficar tranquilos quanto à pessoa de Jesus, pois Ele é "de boa".

Para começar, afirmam, se Jesus é Deus, e se Deus é amor podemos viver da maneira que quisermos, porque Ele nos ama. Podemos falar o que quisermos, agir e nos relacionar da forma que quisermos, porque seu amor cobrirá todos os nossos erros.

Além disso, Jesus é misericordioso e sempre demonstrou compaixão pelos pecadores. Mesmo que de alguma forma venhamos a fazer algo que o desagrade, Ele acabará nos perdoando e nos salvando no final. Por ser amoroso e misericordioso, Ele não enviará ninguém para o inferno, porque a condenação eterna não combina com o caráter divino.

Jesus também é bondoso. Ele mesmo afirmou que estará sempre à disposição para atender aos nossos pedidos. Por seu amor, misericórdia e bondade, jamais sonegará algum bem a quem lhe pedir, como diz Salmos 84:11.

Por fim, não há como viver sob nenhuma forma de temor porque, não bastasse ser amoroso, misericordioso e bondoso, Ele ainda nos deu sua paz. Tudo com Ele é muito zen. Amor, misericórdia, bondade e paz não poderiam resultar em outra coisa, concluem os adeptos do Jesus "de boa".

E vem a cereja do bolo: caso alguém discorde da interpretação deles, Jesus teria tomado providências para que não se sintam incomodados nem mesmo com as críticas. Essa proteção adicional estaria no mandamento de não julgar, que ficou registrado no Sermão do Monte.

Tudo isso parece muito lógico e verdadeiro, mas, como diz Salomão, "o que começa o pleito parece justo, até que vem o outro e o examina" (Provérbios 18:17). Ou seja, não se deve engolir qualquer teoria sem ouvir outros argumentos. E a própria Bíblia irá mostrar que a ideia do Jesus "de boa" é pura falácia.

JESUS É AMOR

Certamente, devemos lembrar que "o amor é paciente, é benigno; o amor não arde em ciúmes, não se ufana, não se ensoberbece, não se conduz inconvenientemente, não procura os seus interesses, não se exaspera, não se ressente do mal; não se alegra com a injustiça, mas regozija-se com a verdade; tudo sofre, tudo crê, tudo espera, tudo suporta. O amor jamais acaba" (1Coríntios 13:4-8). E tudo isso encontramos na pessoa de Jesus. No entanto, esse não é o único atributo do Senhor.

Você já deve ter ouvido a frase: "Deus é amor, mas também é justiça". E é verdade. A justiça também é um atributo divino e não deve ser considerada o oposto do amor, como alguns parecem imaginar. A justiça e o amor convivem harmoniosamente na pessoa divina. Isso quer dizer que Jesus pode aplicar sua justiça ao ser humano sem anular seu amor. Deus ama, porém é justo.

Quando Abraão intercedia por Sodoma e Gomorra, seu principal argumento foi: "Longe de ti o fazeres tal coisa, matares o justo com o ímpio, como se o justo fosse igual ao ímpio; longe de ti. Não fará justiça o Juiz de toda a terra?" (Gênesis 18:25). O ímpio é aquele que pratica o mal. E observe que o patriarca não questiona o fato de Deus destruir os ímpios habitantes daquelas cidades. Ele não disse a Deus: "Tu és amor, como vais destruir esses homens, mesmo sendo ímpios?". Sua preocupação era que os justos iriam morrer com eles. A justiça de Deus é tão perfeita quanto seu amor.

Toda a Bíblia corrobora essa verdade. Davi não hesita em afirmar: "Trama o ímpio contra o justo e contra ele ringe os dentes. Rir-se-á dele o Senhor, pois vê estar-se aproximando o seu dia" (Salmos 37:12-13). Essa declaração assustadora deve ser ignorada? Depois de ouvi-la (e Deus não mente), você ainda apostaria todas as suas fichas no perdão? Acha mesmo que Jesus, o "reto [justo] juiz" (2Timóteo 4:8), irá ignorar a própria justiça para dar ao ímpio a mesma recompensa que dará ao justo?

O Jesus "só amor" não existe. O mesmo Jesus que ama a todos fará justiça a todos "segundo as suas obras" (Apocalipse 22:12).

JESUS É MISERICORDIOSO

Outra base da falácia do Jesus "de boa" é sua misericórdia. À semelhança do amor, ela também está em harmonia com a justiça divina. Desse modo, tanto no Antigo quanto no Novo Testamento vemos Deus e Jesus punindo os pecadores. Em ambos os Testamentos, a misericórdia divina é manifestada, mas a justiça e o juízo também estão presentes.

No Antigo Testamento

Os proponentes do Jesus "de boa" costumam apelar para Êxodo 20:6, onde é dito que a misericórdia divina se estende "até mil

JESUS SEM FILTRO

gerações". Junte-se a isso a declaração de Davi: "Benigno e misericordioso é o Senhor, tardio em irar-se e de grande clemência" (Salmos 145:8). Essa demora em ficar irado pode chegar a mil gerações, certo? Como então imaginar que nossos erros irão um dia despertar sua ira? Desse modo, concluem, Jesus está satisfeito com a vida que levamos aqui, mesmo que nossas atitudes não sejam as mais corretas. O Jesus retratado como "fogo consumidor" é um produto da religiosidade. Mesmo que esse fogo seja verdadeiro, será sempre apagado pela sua misericórdia.

O próprio texto de Êxodo já desmente essa teoria não uma única vez, mas duas vezes. No versículo anterior, Deus diz: "Eu sou o Senhor, teu Deus, Deus zeloso, que visito a iniquidade dos pais nos filhos até à terceira e quarta geração daqueles que me aborrecem". Na sequência do versículo 6, Ele avisa que sua misericórdia é para aqueles "que me amam e guardam os meus mandamentos". Ou seja, antes expressar sua misericórdia Ele diz que está atento à iniquidade que os homens praticam. Em seguida, diz que, para sua misericórdia seja exercida, há uma condicional. O Senhor é tardio em irar-se, mas sua ira é real. E, como Ele visita o pecado "até à terceira e quarta geração", depositar as esperanças em mil gerações de misericórdia parece um pouco arriscado.

No Antigo Testamento, são frequentes os casos em que Deus castiga nações e pessoas por causa do pecado. Esses castigos são expressões da justiça divina e uma forma de chamar os homens ao arrependimento.

A primeira punição foi no jardim do Éden. Quando o primeiro casal desobedeceu a Deus e comeu do fruto proibido, Ele imediatamente decretou a sentença contra eles e os expulsou do jardim, (Gênesis 3). Passadas dez gerações, Deus enviou o Dilúvio para eliminar a raça pecadora, à exceção de Noé e sua família (Gênesis 6—9). Ele também destruiu as cidade de

O JESUS "DE BOA"

Sodoma e Gomorra por causa da maldade de sues habitantes (Gênesis 18 e 19). Ele enviou as dez pragas sobre o Egito depois que o faraó se recusou a libertar o povo de Israel da escravidão (Êxodo 7—12).

Nadabe e Abiú, filhos de Arão, "trouxeram fogo estranho perante a face do Senhor, o que lhes não ordenara. Então, saiu fogo de diante do Senhor e os consumiu; e morreram perante o Senhor" (Levítico 10:1-2). Foi uma punição imediata. Corá, Datã e Abirão reuniram 250 homens e se rebelaram contra Moisés e, como castigo, Deus fez a terra se abrir e engolir todos os rebeldes (Números 16).

Nem mesmo Israel, o povo escolhido de Deus, recebeu imunidade. Antes de entrar na Terra Prometida, foram condenados a vagar pelo deserto durante quarenta anos por terem se acovardado ao descobrir que havia gigantes em Canaã (Números 14). Em 722 a.C., o Reino do Norte, como punição pela sua idolatria e outros pecados, foi conquistado pelo império assírio sob o rei Salmaneser V e depois pelo rei Sargão II, que consolidou a conquista. Em 586 a.C., pelos mesmos pecados de Israel, Jerusalém, capital do Reino do Sul (Judá), foi definitivamente destruída pelo rei babilônico Nabucodonosor e amargou um exílio de setenta anos na Babilônia (2Crônicas 36:17-21).

Como se vê, nos tempos do Antigo Testamento a justiça divina era aplicada a indivíduos e nações. Deus exercia misericórdia e juízo conforme a circunstância. E a misericórdia e a justiça acompanharam Jesus em sua encarnação.

No Novo Testamento

Jesus era cheio de compaixão (Mateus 9:36). Durante seu ministério terreno, Ele exercitou sua misericórdia, como ao perdoar a

JESUS SEM FILTRO

adúltera (João 8:1-11) ou ao curar o cego que gritava: "Filho de Davi, tem misericórdia de mim!" (Marcos 10:46-52). Na cruz, mesmo no auge da dor e da humilhação, Jesus demonstrou misericórdia ao interceder por aqueles que o haviam crucificado: "Pai, perdoa-lhes, porque não sabem o que fazem" (Lucas 23:34). Ele contou a parábola do filho pródigo para ilustrar a misericórdia e o perdão de Deus para com aqueles que se arrependem e voltam para Ele, mesmo depois de terem se afastado (Lucas 15:11-32). A parábola do credor incompassivo (Mateus 18:23–35) também fala do exercício da misericórdia.

Ao mesmo tempo, Jesus fazia constantes referências ao juízo divino. Seus famosos "ais" (Mateus 23:13-36; Lucas 6:24-26) presumem algum tipo de juízo sobre o alvo de suas crenças. Interessante que no texto de Mateus, em que os "ais" são dirigidos aos "escribas e fariseus, hipócritas", Ele encerra dizendo: "Em verdade vos digo que todas *estas coisas hão de vir sobre a presente geração*" (v. 36). Então como fica aquela história das mil gerações? Algumas de suas parábolas também apontam para um juízo futuro, que recompensará os bons e punirá os maus. Podemos citar entre elas a parábola dos lavradores maus (Mateus 21:33-46), a parábola dos talentos (Mateus 25:14–30) e a parábola das ovelhas e dos bodes (Mateus 25:31–46). A última descreve o grande julgamento que determinará o juízo eterno da humanidade, e é isto o que acontecerá:

> Todas as nações serão reunidas em sua presença, e Ele separará uns dos outros, como o pastor separa dos cabritos as ovelhas; e porá as ovelhas à sua direita, mas os cabritos, à esquerda; então, dirá o Rei aos que estiverem à sua direita: Vinde, benditos de meu Pai! Entrai na posse do reino que vos está preparado desde a fundação do mundo. [...] Então, o Rei dirá também aos que

O JESUS "DE BOA"

> estiverem à sua esquerda: Apartai-vos de mim, malditos, para o fogo eterno, preparado para o diabo e seus anjos. [...] E irão estes para o castigo eterno, porém os justos, para a vida eterna (Mateus 25:32-34,41,46).

Os que imaginam que Jesus no final terá misericórdia de todos os seres humanos, sem mandar ninguém para o inferno, não conseguem explicar as sentenças diferenciadas de "castigo eterno" e "vida eterna". Mas preferem acreditar que no fim ninguém irá para o inferno, porque Deus é misericordioso.

Existe até um termo em teologia para essa crença: "universalismo". Os universalistas afirmam que, nos final dos tempos, à diferença do que diz a parábola acima, todas as almas serão desobrigadas das penalidades do pecado e restauradas para Deus, sem importar o tipo de vida que tenham vivido na terra. De acordo com essa doutrina, portanto, estupradores, assassinos, tiranos, corruptos, traficantes e todos os que representam a escória da terra, que nunca se arrependeram de seus pecados, irão viver no céu ao lado dos que nesta vida se esforçaram para honrar o evangelho de Cristo, às vezes com o sacrifício da própria vida. Para alguns, isso parece um extraordinário exemplo da misericórdia divina, mas como fica a justiça de Deus?

Outra prova de que haverá destinos diferentes na eternidade é a existência, no céu, do Livro da Vida, no qual consta o nome de todos os que serão salvos. Esse livro foi mostrado a João, e o apóstolo diz que "se alguém não foi achado inscrito no Livro da Vida, esse foi lançado para dentro do lago de fogo" (Apocalipse 20:15). Se a doutrina universalista fosse verdadeira, o Livro da Vida não faria sentido.

Nenhuma concepção equivocada da misericórdia divina mudará o fato de que o pecador merece o inferno. Deus é misericordioso,

JESUS SEM FILTRO

mas nenhum pecado ficará sem sua paga: ou ele é pago por Jesus Cristo na cruz ou o próprio pecador pagará por ele no inferno. Isso significa que Deus é mau? Claro que não! Pelo contrário, Ele pune o pecado justamente por ser santo e justo. Sua justiça e sua santidade não podem tomar o culpado por inocente. Ele agirá dessa forma com relação aos adoradores da besta, no final dos tempos:

> Se alguém adora a besta e a sua imagem e recebe a sua marca na fronte ou sobre a mão, também esse beberá do vinho da cólera de Deus, preparado, sem mistura, do cálice da sua ira, e será atormentado com fogo e enxofre, diante dos santos anjos e na presença do Cordeiro. A fumaça do seu tormento sobe pelos séculos dos séculos, e não têm descanso algum, nem de dia nem de noite, os adoradores da besta e da sua imagem e quem quer que receba a marca do seu nome (Apocalipse 14:9-11).

Isso não se parece em nada com a crença universalista. O bem será recompensado, e o mal será punido. Jesus está atento até mesmo aos que tentam viver uma vida de aparência apoiando-se em dons espirituais ou ostentando uma religiosidade impecável, como era o caso dos fariseus — que mereceram seus "ais". Não tem para onde fugir: se você não tem uma vida de santidade e vive na iniquidade, Jesus irá mandá-lo para o inferno. Ele não está "de boa" com os que praticam a iniquidade, por mais que consigam disfarçá-la:

> Nem todo o que me diz: Senhor, Senhor! entrará no reino dos céus, mas aquele que faz a vontade de meu Pai, que está nos céus. Muitos, naquele dia, hão de dizer-me: Senhor, Senhor! Porventura, não temos nós profetizado em teu nome, e em

O JESUS "DE BOA"

teu nome não expelimos demônios, e em teu nome não fize-
mos muitos milagres? Então, lhes direi explicitamente: nunca
vos conheci. Apartai-vos de mim, os que praticais a iniquidade
(Mateus 7:21-23).

Jesus exige santidade dos seus. Se estivesse planejando perdoar
todo mundo, essas exigências seriam no mínimo despropositadas.
Pedro é enfático ao lembrar o que Ele quer de nós: "Sede santos,
porque eu sou santo" (1Pedro 1:16). Por que Jesus exigiria essa
virtude de seus seguidores se no final até os piores elementos
fossem igualmente recompensados com a vida eterna? Paulo corrobora essa verdade; "Não sabeis que os injustos não herdarão o
reino de Deus?" (1Coríntios 6:9).

Jesus não só fará distinção entre santos e ímpios, como também há no Novo Testamento duas listas daqueles que estarão
condenados eternamente. Na sequência de sua afirmativa, o apóstolo especifica: "Não vos enganeis: nem impuros, nem idólatras,
nem adúlteros, nem efeminados, nem sodomitas, nem ladrões,
nem avarentos, nem bêbados, nem maldizentes, nem roubadores
herdarão o reino de Deus" (1Coríntios 6:9-10). A segunda lista
foi registrada pelo apóstolo João em sua visão sobre os últimos
tempos: "Fora ficam os cães, os feiticeiros, os impuros, os assassinos, os idólatras e todo aquele que ama e pratica a mentira"
(Apocalipse 22:15). Para não haver dúvida, essas são palavra do
próprio Jesus.

É desse Jesus que estamos falando. Ele é o Rei santo, que exige
santidade de seus súditos. Ele leva tão a sério a ênfase em uma
vida santa, que chega a reinterpretar certos conceitos religiosos.
Lembra-se do que a Lei diz sobre o adultério? Era considerado adúltero aquele que se deitava com uma pessoa de outro
relacionamento ou quando pelo menos um dos envolvidos era

casado. No entanto, Jesus declara: "Ouvistes que foi dito: Não adulterarás. Eu, porém, vos digo: qualquer que olhar para uma mulher com intenção impura, no coração, já adulterou com ela" (Mateus 5:27-28). Ou seja, Ele considera adultério a simples intenção impura do coração.

Além disso, o inferno é tão real para Ele — como deve ser para nós! — que sua proposta de santidade chega a extremos: "Se o teu olho direito te faz tropeçar, arranca-o e lança-o de ti; pois te convém que se perca um dos teus membros, e não seja todo o teu corpo lançado no inferno. E, se a tua mão direita te faz tropeçar, corta-a e lança-a de ti; pois te convém que se perca um dos teus membros, e não vá todo o teu corpo para o inferno" (v. 29-30). Por que tanto zelo, se no final Ele pretende salvar a todos?

É certo que no Antigo Testamento havia castigos imediatos e que no Novo Testamento eles apontam mais para os fins dos tempos. No entanto, vemos no contexto da igreja primitiva situações em que o juízo divino foi aplicado instantaneamente, como no caso de Ananias e Safira (Atos 5:1-11), morreram por "mentir ao Espírito Santo". Temos também o caso de Herodes, que morreu comido de vermes "por ele não haver dado glória a Deus" (Atos 12:20-23). Definitivamente, esse Jesus que traz apenas sombra e água fresca não é o Jesus das Escrituras.

JESUS É BONDOSO

De acordo com a teologia cristã, a bondade de Deus é um dos atributos essenciais de seu caráter, fundamental para se entender quem Ele é e como se relaciona com a criação. A bondade está na essência de Deus. Não é algo que Deus apenas pratica, mas quem Ele é de fato. De modo que o salmista convida: "Provai e vede que o Senhor é bom" (Salmos 34:8). Isso significa que

O JESUS "DE BOA"

sua bondade é inseparável de sua natureza e permeia todas as suas ações e decisões. Em suma, tudo que Ele faz é justo e bom. E Romanos 2:4 afirma que a bondade de Deus nos conduz ao arrependimento. Diante disso, argumentam os que acreditam no Jesus "de boa", como poderia Ele determinar algo tão terrível quanto a condenação eterna? Um dos textos a que apelam é Lucas 11:11-13:

> Qual dentre vós é o pai que, se o filho lhe pedir [pão, lhe dará uma pedra? Ou se pedir] um peixe, lhe dará em lugar de peixe uma cobra? Ou, se lhe pedir um ovo lhe dará um escorpião? Ora, se vós, que sois maus, sabeis dar boas dádivas aos vossos filhos, quanto mais o Pai celestial dará o Espírito Santo àqueles que lho pedirem?

E não vamos esquecer, dizem, que Ele também satisfaz o desejo do nosso coração (Salmos 37:4). Tem-se a impressão de que eles veem Jesus como uma espécie de Papai Noel, que distribui presentes a esmo, sem ao menos perguntar se nos comportamos bem. Mais uma vez, os filtros humanos aplicados a Jesus acabam por visualizar apenas parte da realidade e, na prática, acaba por distorcê-la completamente.

É certo que Jesus e o Pai atendem aos pedidos de seus filhos, porém há sempre uma condicional. Em João 15:7, por exemplo, Jesus declara: "Se permanecerdes em mim, e as minhas palavras permanecerem em vós, pedireis o que quiserdes, e vos será feito". A condicional é "se permanecerdes em mim". E permanecer em Cristo não é viver de qualquer maneira: implica fugir do pecado e viver em santidade.

Da mesma forma que na questão do amor e da misericórdia, há um equilíbrio entre a bondade e a justiça de Deus. Sua bondade não significa que Ele ignore o pecado, e sim que, em sua justiça, Ele oferece um caminho para a redenção. No caso da concessão de dádivas, Ele também seria injusto em conceder a todos indistintamente, santos e pecadores, qualquer coisa que lhe pedirem.

Infelizmente, muitos caem no erro de considerar apenas a bondade de Deus. Romanos 11:22 nos alerta quanto a isso: "Considerai [...] a bondade e a severidade de Deus: para com os que caíram, severidade; mas, para contigo, a bondade de Deus, se nela permaneceres; doutra sorte, também tu serás cortado". Estamos falando, sim, de um Deus de bondade, mas também de um Deus que é fogo consumidor e justiça.

JESUS NOS DEU SUA PAZ

Jesus disse aos discípulos: "Deixo-vos a paz, a minha paz vos dou; não vo-la dou como a dá o mundo. Não se turbe o vosso coração, nem se atemorize" (João 14:27). Além de nos disponibilizar seu amor, sua misericórdia e sua bondade, Jesus ainda nos deu sua paz. Como então ficar apreensivo diante de uma possível condenação se essa paz está em nós?

Antes de responder, vamos lembrar outra declaração de Jesus, não se pode ignorar: "Não penseis que vim trazer paz à terra; não vim trazer paz, mas espada" (Mateus 10:34). Como assim? Temos uma contradição? Temos paz ou não temos?

A explicação não é tão difícil. A paz que Jesus deixou é a da justificação. Por meio da fé, somos justificados, e assim "temos paz com Deus por meio de nosso Senhor Jesus Cristo". O perdão dos pecados nos fez ficar outra vez ligados a Deus, e isso nos uma profunda sensação de paz. Jesus está falando de nossa paz com Deus.

A paz — ou a falta dela — em Mateus 10:34 é entre pessoas. Nem sempre teremos paz com todo mundo. Só pelo fato de escolhermos andar com Jesus já poderemos abalar a paz até então existente entre nós e os que nos rodeiam. Um exemplo é o versículo 35: "Vim causar divisão entre o homem e seu pai; entre a filha e sua mãe e entre a nora e sua sogra".

Se você começar a seguir a Cristo, você provavelmente será perseguido, e não será nenhum espanto se a perseguição começar em sua casa. Seu pai é ímpio? Sua mãe é ímpia? Seu filho é ímpio? Eles podem começar a odiar você por estar seguindo alguém que não está de acordo com o que eles acreditam. E Jesus adverte quanto à atitude que você deve tomar:

> Quem ama seu pai ou sua mãe mais do que a mim não é digno de mim; quem ama seu filho ou sua filha mais do que a mim não é digno de mim; e quem não toma a sua cruz e vem após mim não é digno de mim. Quem acha a sua vida perdê-la-á; quem, todavia, perde a vida por minha causa achá-la-á (v. 37-39).

Esse é o chamado do evangelho. É o chamado da peregrinação com o Jesus das Escrituras, não com o Jesus "de boa". É o chamado para vivermos com Ele a renúncia, a abnegação, para abrir mão da vida deste mundo, a fim de vivermos uma vida de total santidade com o Filho de Deus.

JESUS MANDA NÃO JULGAR

O ser humano dos tempos pós-modernos não costuma aceitar críticas com relação à sua conduta. Ele aprendeu que cada um pode ter sua verdade, e os outros têm de aceitá-la — sem julgamentos. O mesmo acontece com os que evocam a figura do Jesus "de boa". Aliás, lembram, o próprio Jesus advertiu seus seguidores: "Não julgueis, para que não sejais julgados" (Mateus 7:1).

Julgar é decidir sobre algo ou alguém. E a verdade é que Jesus não nos tirou esse direito. Podemos julgar, sim, aquele que erra, como Ele diz em seguida:

> Por que vês tu o argueiro no olho de teu irmão, porém não reparas na trave que está no teu próprio? Ou como dirás a teu irmão: Deixa-me tirar o argueiro do teu olho, quando tens a trave no teu? Hipócrita! Tira primeiro a trave do teu olho e, então, verás claramente para tirar o argueiro do olho de teu irmão (v. 3-5).

Jesus não está proibindo todos nós de julgar. O texto refere-se apenas aos hipócritas que, com uma trave no olho, reclamam do cisco do irmão. O conselho de Jesus é que retiremos a trave de nosso olho e só depois retiremos (julguemos) o argueiro do olho do irmão. Em várias passagens do Novo Testamento, o ato de julgar é até responsabilidade do cristão.

Paulo instrui os crentes de Corinto sobre o exercício dos dons espirituais na igreja: "Tratando-se de profetas, falem apenas dois ou três, e os outros julguem" (1Coríntios 14:29). A Escritura, portanto, nos orienta a julgar tudo que é falado, até mesmo as profecias!

No entanto, nosso julgamento não pode prescindir de critérios, pois Jesus nos ensina: "Não julgueis segundo a aparência, e sim pela reta justiça" (João 7:24). Em qualquer situação que nosso julgamento seja exigido, devemos sempre buscar a verdade, sem nos deixar levar pelas aparências ou por sentimentos enganosos.

Por fim, somos instruídos a julgar todas as coisas: "Julgai todas as coisas, retende o que é bom" (1Tessalonicenses 5:21). E, na verdade, é o que estamos fazendo neste livro: julgando tudo que é dito a respeito de Jesus Cristo esforçando-nos para fazê-lo conforme a "reta justiça". Julgar é não só um direito e um dever do cristão, mas também um ato de obediência.

APESAR DE JESUS TRANSMITIR MENSAGENS DE PAZ E TRANQUILIDADE, SUA VIDA TAMBÉM FOI MARCADA POR MOMENTOS DE INTENSA PAIXÃO E CONFRONTO. ELE CONFRONTOU AS AUTORIDADES RELIGIOSAS E POLÍTICAS DE SUA ÉPOCA, DESAFIOU AS ESTRUTURAS DE PODER INJUSTAS E ENFRENTOU O SOFRIMENTO E A MORTE COM CORAGEM E DETERMINAÇÃO. PORTANTO, REDUZI-LO A UM JESUS "DE BOA" PODE MINIMIZAR A PROFUNDIDADE DE SUAS EXPERIÊNCIAS E O ALCANCE DE SUA MENSAGEM. NA CONDIÇÃO DE SER DIVINO, ELE DEMONSTROU SEU, AMOR, SUA MISERICÓRDIA, SUA BONDADE E SUA PAZ. MAS EM NENHUM MOMENTO ABDICOU DE SUA JUSTIÇA.

CONCLUSÃO

AGORA QUE COMPLETAMOS ESTA JORNADA pelas Escrituras, é importante refletir sobre o impacto das verdades reveladas ao longo dos capítulos. Ao olharmos para as várias representações distorcidas de Jesus que desmascaramos, a pergunta mais urgente que surge é: "Como essa nova visão de Jesus transforma a minha vida?".

Ao longo dos capítulos, exploramos as diferentes maneiras como Jesus tem sido filtrado para se adaptar às conveniências culturais e pessoais de cada geração. Vimos o quanto essas interpretações não só distorcem a imagem de Jesus, mas também podem nos afastar da verdadeira experiência de quem Ele é.

Como podemos então, à luz desse entendimento, alinhar nossa vida com o Jesus verdadeiro, sem filtros?

A primeira resposta a essa pergunta está na transformação pessoal. Jesus nunca foi apenas uma figura histórica ou um ícone religioso distante. Ele é o Deus vivo e presente que se fez carne e que deseja moldar e transformar cada aspecto de nossa vida. No capítulo 1, "O Jesus influencer", vimos como Ele foi reduzido a uma figura de popularidade superficial em nossa cultura digital. No entanto, ao contrário dos influenciadores digitais que procuram apenas seguidores, Jesus busca relacionamentos verdadeiros e duradouros. Ele quer transformar nosso caráter, nossos pensamentos e nossas ações.

Seguir Jesus, portanto, não pode ser algo apenas superficial. Isso implica uma mudança real em como vivemos, como interagimos com os outros e como conduzimos nossa fé. Transformação significa permitir que o Espírito Santo revele áreas de nossa vida que precisam ser realinhadas com a verdade que agora conhecemos.

Outro ponto fundamental é a submissão à vontade de Deus. Vimos, no capítulo 10, que a verdadeira paz que Jesus traz não é sinônimo de uma vida sem desafios ou dificuldades. Jesus, mesmo enquanto pregava paz e compaixão, enfrentou corajosamente os desafios de sua missão. Seguir Jesus sem filtros significa, portanto, estar disposto a renunciar às nossas próprias opiniões e vontades para submeter-nos à vontade dele.

Essa submissão não é um ato passivo. Pelo contrário, exige uma entrega ativa, um desejo constante de buscar a vontade de Deus em todas as decisões que tomamos. Jesus disse: "Se alguém quer vir após mim, negue-se a si mesmo, tome a sua cruz e siga-me" (Mateus 16:24). Não é uma tarefa fácil, mas é o único caminho para uma vida verdadeiramente frutífera.

Uma das perguntas mais importantes que este livro nos deixa é: "Quais filtros eu ainda uso para enxergar Jesus?". Talvez, sem perceber, tenhamos moldado nossa imagem de Cristo para que se ajuste às nossas preferências pessoais ou culturais. Isso é perigoso, pois pode nos levar a uma fé diluída e ineficaz.

Um exemplo claro disso é o capítulo sobre "O Jesus 'de boa'", onde muitas vezes imaginamos Jesus como uma figura pacífica que não desafia ninguém e aceita qualquer comportamento. Contudo, vimos que, enquanto Jesus é sim cheio de graça e amor, Ele também tem expectativas claras para aqueles que o seguem, exigindo uma vida de santidade e obediência.

Portanto, a grande questão é: Que áreas de nossa vida ainda estão sendo filtradas? Quais verdades desconfortáveis sobre Jesus

CONCLUSÃO

estamos evitando porque elas nos desafiam a mudar? Precisamos ser honestos e corajosos o suficiente para remover esses filtros e ver o verdadeiro Jesus e viver de acordo com a vontade soberana dele.

Jesus não nos chamou para viver nossa fé de maneira isolada. Pelo contrário, a comunidade de fé é parte essencial do discipulado. No capítulo 5, "O Jesus destruidor de igrejas e religião", desmistificamos a ideia de que Jesus era contra a comunidade de fé ou a adoração em conjunto. Ele valorizava a comunhão e a importância de estarmos conectados uns com os outros para o crescimento espiritual.

Seguir Jesus sem filtros também significa abraçar a vida em comunidade, onde somos desafiados, encorajados e, às vezes, corrigidos pelos nossos irmãos e irmãs na fé. A igreja, como corpo de Cristo, é o lugar onde essa transformação pessoal e submissão à vontade de Deus acontecem de maneira mais intensa. Devemos ver a igreja como um ambiente de crescimento, e não como um lugar de perfeição, reconhecendo que estamos todos em processo de transformação.

Por fim, Jesus nos convida a viver uma vida conectada a Ele. Em João 15:5, Ele nos diz que somos os ramos e Ele é a videira. Só quando permanecemos nele, podemos dar frutos verdadeiros e duradouros. Isso significa que nossa vida deve ser marcada pela dependência constante de Jesus, que nos dá forças, sabedoria e discernimento.

Essa conexão com Cristo não pode ser intermitente, nem baseada em circunstâncias. Ela deve ser constante, enraizada na oração, na Palavra e na comunhão diária com o Espírito Santo. Só assim poderemos viver uma vida plenamente alinhada com a vontade de Deus e cumprir nosso propósito neste mundo.

Agora que você tem uma visão mais clara de quem Jesus realmente é, a pergunta que deve guiar sua vida daqui em diante é:

como isso transforma minha fé e meu modo de viver? O conhecimento verdadeiro de Jesus não pode permanecer inerte; ele exige uma resposta. Jesus disse: "Se alguém quer vir após mim, negue-se a si mesmo, tome a sua cruz e siga-me" (Mateus 16:24). Seguir a Jesus sem filtros significa estar disposto a renunciar às nossas próprias opiniões e desejos, submetendo-nos completamente à sua vontade.

Peço que você reflita sobre as seguintes questões: Qual Jesus você tem seguido? Um Jesus moldado pelas opiniões do mundo, ou o Jesus das Escrituras? Que áreas da sua vida precisam ser realinhadas com a verdade que você agora conhece? Quais "filtros" você precisa remover para enxergar e seguir o verdadeiro Jesus?

Permita que este livro seja o início de uma jornada espiritual renovada. Volte-se para a Palavra de Deus diariamente, buscando uma compreensão mais profunda e autêntica do caráter e dos ensinamentos de Jesus. Ore para que o Espírito Santo revele a você as áreas em que sua visão de Jesus pode estar distorcida, e peça a Ele que transforme sua mente e seu coração para que você possa segui-lo mais de perto.

Lembre-se de que a verdadeira fé em Jesus não é apenas acreditar nele como um personagem histórico ou uma figura moral; é confiar em sua obra redentora na cruz e em sua ressurreição, e viver uma vida que reflete essa fé. Que sua vida seja frutífera, cheia de evidências de que você está vivendo conectado ao verdadeiro Jesus, aquele que é o mesmo ontem, hoje e para sempre.

EM UM MUNDO ONDE AS VOZES SÃO MUITAS E AS VERDADES SÃO RELATIVIZADAS, PERMANEÇA FIRME NA VERDADE ABSOLUTA QUE É JESUS CRISTO. NÃO PERMITA QUE AS DISTORÇÕES E OS FILTROS DESTE MUNDO OBSCUREÇAM SUA VISÃO DE QUEM ELE REALMENTE É. SIGAMOS JUNTOS O JESUS SEM FILTROS, COMPROMETIDOS EM CONHECÊ-LO MAIS E EM FAZER SUA VERDADE CONHECIDA AO NOSSO REDOR.

REFLETINDO SOBRE O
JESUS SEM FILTRO

PERGUNTAS DE RECAPITULAÇÃO

Capítulo 1: O Jesus influencer

1. Como a imagem de Jesus é distorcida na cultura digital como um "influencer" moderno?

   _____

   _____

   _____

2. Qual é a principal diferença entre a busca de Jesus por seguidores e a dos influenciadores digitais?

   _____

   _____

   _____

Capítulo 2: O Jesus milagreiro

3. Por que os milagres de Jesus não devem ser vistos como simples exibições de poder?

JESUS SEM FILTRO

4. Como os milagres de Jesus apontavam para uma verdade espiritual mais profunda?

Capítulo 3: O Jesus liberal

5. Em que sentido Jesus desafiou as normas sociais e políticas de sua época, mas não pode ser considerado um "liberal"?

6. Como Jesus restaurou o verdadeiro significado da lei de Moisés, ao invés de rejeitá-la?

Capítulo 4: O Jesus místico

7. Por que a visão de Jesus como um místico distante do mundo terreno é incorreta?

REFLETINDO SOBRE O JESUS SEM FILTRO

8. Como Jesus conectou sua mensagem espiritual às realidades práticas e cotidianas das pessoas?

_____

_____

_____

Capítulo 5: O Jesus destruidor de igrejas e religião

9. Como Jesus valorizava a comunidade de fé, apesar de ter confrontado as estruturas religiosas de sua época?

_____

_____

_____

_____

10. Que ensinamentos de Jesus demonstram a importância de uma vida em comunidade, ao contrário da ideia de que Ele era contrário à religião organizada?

_____

_____

_____

Capítulo 6: O Jesus feminista

11. Em que aspectos Jesus desafiou as expectativas culturais de seu tempo no tratamento das mulheres?

_____

_____

_____

12. Por que não podemos afirmar que Jesus foi um defensor do movimento feminista moderno?

JESUS SEM FILTRO

Capítulo 7: O Jesus machista

13. Como a escolha de discípulos homens por Jesus reflete seu contexto histórico e não uma preferência pelo gênero masculino?

14. Quais episódios nos Evangelhos provam que Jesus deu grande valor às mulheres em seu ministério?

Capítulo 8: O Jesus fracote

15. De que maneira os momentos de emoção e fraqueza física de Jesus demonstram sua humanidade autêntica?

16. Como Jesus mostrou força e coragem ao desafiar as autoridades religiosas e enfrentar a crucificação?

Capítulo 9: O Jesus fantoche

17. Como a submissão de Jesus à vontade do Pai revela sua verdadeira autoridade e não fraqueza?

18. Por que a liderança servidora de Jesus, ao invés de ser sinal de subserviência, é uma prova de sua soberania?

Capítulo 10: O Jesus "de boa"

19. Qual é o erro de se ver Jesus apenas como uma figura pacífica e indiferente ao pecado?

20. Como a justiça de Jesus se manifesta tanto em sua oferta de perdão quanto em sua advertência sobre o juízo final?

Sua opinião é importante para nós.

Por gentiliza, envie-nos seus comentários pelo e-mail:

editorial@hagnos.com.br